行動複利

從想到，到做到，半途不廢的四階段練習

Scalers —著

目錄

100天

第二章　如何快速進入新領域

第三章　競爭壁壘是如何形成的

10000天

第四章 保護大腦比保護錢包更重要

自序

持續行動，刻意學習

我曾經是特別無法堅持的人。小時候，爸爸就教我做事不要「三分鐘熱度」。爸爸還送我一本他讀過的書，扉頁上手寫著：

「苟有恆，又何必三更眠五更起；最無益，莫過於一日曝十日寒。」

這是明朝學者胡居仁的話。爸爸怕我看不懂，很認真的向我解釋，告訴我做事情要持之以恆，不能三天打魚兩天曬網。不過那時我還小，記不住。現在回想，這應該是我最早接觸的「持續行動」理念。

我一直認為，在個人成長方面要學習和實踐的理念，是歷經千年而保持穩定的。前人用「書山有路勤為徑，學海無涯苦作舟」告誡我們求學治學要以勤為先，用「少壯不努力，老大徒傷悲」教導我們努力要趁早。這些道理絕不會因為進入了人工智慧時代而改變。如果做事不勤快，年輕時不努力，不管在哪個時代都很難有好的發展。

越是涉及成長的核心理念，越會歷經時間的考驗而留存下來。這不像手機應用軟體，若遇到版本更新，不升級還不能用。老祖宗留下的那些智慧，也許在今天有著不同的表達形式，但是核心內涵不會褪色。孔子說「學而不思則罔，思而不學則殆」，一句話就道破學習和行動的辯證關係。「持續行動＋刻意學習」，也只是在印證這個道理。在個人成長的道路上，我們不斷發明新的表達方式、創造新名詞，其實只是在重新演繹前人的金玉良言。

既然如此，如果多研習前人傳下來的經驗，不就可以進步得更快嗎？但是，結果並非如此。我們並不愛聽這些老掉牙的東西，甚至斥之為陳腔濫調。我們總是想看新鮮的、跟隨時代發展的學習方法。我們經常認為最新的才是最好的，於是執著於尋找最新的認知、最新的成功案例。新花樣層出不窮，又讓我們因忙於應對各種情況而身心俱疲。此外，出於叛逆心理，我們也不願意承認在個人成長道路上遇到的問題，前人已經遇過並提供了解決方案。我們認為時代不一樣，所以對自己的關注遠大於對歷史、對前人的關注。每一個世代總會犯一些前人反覆告誡要避免的錯誤，哪怕已喊破嗓子，我們仍然前仆後繼的往同一個坑裡跳。

在個人成長方面，「經典」的力量強大到遠遠超出我們的想像。千百年來，人類發展，科技進步，但是一千年在人類百萬年的進化史中太短暫。我們頂著一顆擁有百萬年進化史的大腦在現代社會行走，這時，經典的東西反而更有優勢。我們現在看到的前人作品，無不經歷時間的篩選才保存下來。如果你問我我的祖先是誰、生平如何，我可能回答不出來。我的祖先很有可能在古代社會只是一個普通人，除了在家譜上有名字，再也沒有其他紀錄，又或者根本不識字。而在那個時代，能識文認字的讀書人，才更有可能將思想和文字傳承下來。

如果能充分吸取前人的經驗，我們可以做得更好。但是，當一個道理呈現在我們面前時，如果只是隨便聽聽、隨意看看，所獲得的瞬間啟發很快就會遺忘。如果不用實際行動去體悟，那麼任何的被動輸入，都無法在成長過程中起到實質的作用。

對於持續行動的理解和領悟，也同樣如此。很小的時候，爸爸就和我說，做事情要持之以恆。我以為我知道了，卻做不到。直到開始持續行動，把一件事情堅持了夠長的時間，才真正從內心意識到持續有多麼重要。於是，我決定寫一本書來專門討論持續行動這件事。

可能你會想，不就是堅持嗎？兩個字的事情，有必要寫一本書嗎？如果你這樣想，就進一步證實了我的觀點：當看到一個道理時，我們會覺得它好簡單，不過如此，但回到生活中，卻發現自己還是老樣子，仍然不容易做好一件事。

常言道，不聽老人言，吃虧在眼前。如果聽了也不做，那我們仍然得吃虧。既然如此，為什麼不早點聽信，早點意識到問題，早點實踐呢？我的成長經驗告訴我，持續行動是一種幫助我們快速上路的思考方式。看到一個道理時，即使我們覺得自己懂了，也不要急著下結論，先持續行動一陣子，看看結果如何。持續行動可以減少我們面對前人教誨時的自大與傲慢。我們在做一件事的過程中才會慢慢發現，很多道理說得真對，比預想的要深刻許多——在持續行動中獲得體會，比被動輸入的效果好太多了。

我們要透過持續行動去體悟和學習，否則說得再多都是徒勞。如果擁有持續行動的能力，又能吸收別人提供的知識，就真的很厲害了。一旦掌握這樣的「吸星大法」，你的前途無可限量。

小時候我沒有堅持完成過一件事情，爸爸給我的教誨，也沒入腦入心。過了十幾年，在經歷各種摸索和曲折，真正開始持續行動時，才發現原來那句發人深省的話早就寫在爸爸送我的一本書的扉頁上，只是從沒注意。等我真正注意到的時候，十幾年光陰已經流逝。我長大了，終於明白了，可爸爸也老了。

上個月爸爸搬家，他說：「你之前送給我的《刻意學習》找不到了，可能搬家弄丟了。你能不能再給我一本，我沒事的時候看看。記得在扉頁上寫幾個字。」我聽了鼻子一酸。

小時候，爸爸把自己讀過的書送我，扉頁上寫著對我的勉勵。長大以後，爸爸要我在我自己的第一本著作《刻意學習》寫幾個字送給他。於是我在扉頁上工工整整的寫下「持續行動，刻意學習」；這八個字，是我給自己的勉勵。

爸爸曾經給我一本《青年知識手冊》，而這本《行動複利》其實是持續行動者的手冊。兩本手冊，一前一後，在時空中相互呼應，既是傳承，也是持續行動的一種體現。

我希望這本書能對你有所啟發和觸動，也希望這些文字能在時間歲月裡留下印記。倘若在千百年後，這些文字還能被看到並被認同，也等於我對這個世界做出了一些微小的貢獻。

序章
持續行動是永恆的話題

持續開始，持續放棄

「這一次，我又沒堅持下來。」這句話是我這幾年最常聽到的。

網路時代，資訊技術發達，訊息超載。社群媒體上的各種創業、發達故事鋪天蓋地，朋友圈到處是逆轉勝的模範：賺錢了、升職了、買房了、公司上市了……一個個光鮮的成功案例刺激著我們。我們因深有感觸而轉發，在焦慮中下單，被「壯志未酬」的痛苦點燃決心，藉著對未來的期盼栽下憧憬。看看別人的成就，再看看自己的平凡生活，我們無限惆悵，正所謂沒有對比就沒有傷害。夜深人靜，我們開始反思人生：自己是不是也得做點什麼？

我們在新的手帳本裡寫下夢想清單，買一系列的網路課程、辦健身會員卡、付費加入學習社團、報名參加證照考試……對自己說：「我要開始改變！」

頭幾天是行動的「蜜月期」，一切都是新的。要背的單字很快就搞定，在寫讀書筆記時充滿幹勁，就算每天更新部落格文章也有說不完的話，鍛鍊充滿了激情。白天工作再忙，也盼著下班後完成自己的夢想清單，今日事今日畢。剛開始行動的人是最幸福的，因為那時我們還在舒適區，還沒遇到難以克服的困難，總是感覺良好，活在無限的希望中，心情愉悅。一個人偷偷快樂不夠，還要讓朋友也知道，告訴全世界。

然而生活不是童話，成長進步絕非扮家家酒。王子和公主過上幸福的生活之後，還有柴米油鹽醬醋茶，要交房租、水電、管理費。生活是故事的開始，而故事是意外的集合。

永遠想改變，永遠沒時間

對於一個追求上進的人來說，最大的痛苦莫過於想改變，卻沒時間。

自我實現是人類的高級需求。想改變的心，隨時都能被觸動。欲望總是很容易膨脹，一個故事，一張照片，一段影片，就能把我們「撩」得欲罷不能。但是，從某種意義上說，我們的時間並不完全屬於自己。小時候忙著上學寫作業，長大了忙著上班，忙著照顧家庭，還要忙裡偷閒滑手機。從早到晚，我們的時間被一件接一件的事情輪流接管。

忙碌會壓抑一個人想改變的心。我們的念想只能暗暗出聲，但物欲橫流的社會太吵鬧，很難被聽見。我們太擅長用忙碌麻痺自己，把虛假的充實當作奮鬥的證明，用從眾和跟風代替擔當和責任。而直覺又告訴自己，這樣好像不對。

等到工作節奏稍微緩和，內心被壓抑的聲音又被釋放出來了。當我們開始思考人生，憧憬未來，想向榜樣看齊，下定決心努力奮鬥，並不表示變得積極向上了，可能只是剛好工作不忙。當然，我們還是願意相信自己是積極向上的，只是喜歡說沒時間。

永遠無法完成的夢想清單

時代紅利、行業趨勢、一夜致富、月入十萬、快速變現……這些現代詞彙在社群網路上花枝招展，撩動我們的欲望。你羨慕別人的生活嗎？下午茶的精緻甜點、說走就走的國外旅遊、各地大型課程的學習照、一天讀完一本書曬出的讀書心得，還有與成功人士的合影……你嚮往這些生活方式嗎？於是，有人跳出來說：「上課吧，為知識付費吧，開始終身學習吧。」在衝動的一瞬間，你跺腳咬牙，按下了信用卡帳號的最後一個數字。

你告訴自己每天堅持做一件事，相信只要持續下去就會看到勝利的曙光。你把計畫寫在本子上，稱其為「夢想清單」。在知識付費的時代，花錢似乎可以學到任何東西。在你的夢想清單上，不管是英語寫作，還是財商、情商，不管是個人氣場或妝容、還是職場講座，在每一條細分的賽道上，都擠滿了願意和你分享一切經驗的人生導師。

如果不知道要學什麼，還可以找人工智慧「看面相」，幫你算算適合學什麼。你要做的就是付費上課。課程內容圖文並茂，還配上影片，彷彿就是改變人生的祕密武器。付費後，還會有人把你拉進網路社團裡，對你噓寒問暖，讓你感受網路大家庭的溫暖，這就叫「產生連結」。你可能還會獲得一些任務，被要求每天打卡。如果你堅持在社群發布動態，帶動好友一起加入，幫老師招到新學生，還能獲得現金獎勵，這就叫「社交分裂」。有這麼「好」的老師，這麼「好」的社群環境，於是你對自己說：「我好期待看到自己的改變！」

新手往往運氣好，但是我們經常誤把好運當成實力。你現在想改變，所以花錢上課進入社團，為自己安排任務，想實現所謂的夢想，可能只是因為正好不忙。但是，只要忙起來，那些雄心壯志統統會被拋諸腦後。而殘酷的現實是，忙才是生活的常態，我們要賺錢，要養家活口。

主管說：「今年成績不太好，年底衝業績，大家辛苦一下，從今天開始一起加班吧。」你只好笑笑表示支持，內心卻翻江倒海，堅決反對。深夜，你拖著疲憊的身軀回到家，想到夢想清單上還有任務要完成。夜色下，夢想兩個字特別刺眼。一瞬的猶豫後，你對自己說：「今天太累，明早再說，早點起來就好。」猶豫的閘門一旦打開，理由就會像洪水一樣傾瀉而出。

第二天，六個鬧鐘都沒叫醒你。你在前一秒到公司，心裡還惦記著夢想清單，撇撇嘴說：「中午來消滅欠下的任務。」然而，臨近中午，會議遲遲沒有結束。吃完午飯，你連飯盒都來不及收拾，電話就響起——好朋友失戀了！你花了一個小時安慰朋友，心裡感慨交友不慎。

下午的工作開始，你接到兩份緊急工作需要馬上處理。終於手忙腳亂做完，你抬頭看到夕陽西下。夕陽的餘暉穿過辦公室的玻璃，從窗簾的縫隙斜照在辦公桌上「夢想清單」的「單」一上。可是你的任務一點也不「單」一，昨天欠的沒做，今天待完成的還在向你招手。你咬牙告訴自己：「我是有夢想的人，今天晚上回去就補，做不到的是小狗！」

熬到晚上九點，準備下班。正感到高興時，十年沒見的老同學突然來電，想見一面，敘敘舊，而你竟也立馬答應了。你後悔的擠在捷運裡，穿越了半個城市，見到了老同學。老同學現在混得還不錯，從發福的肚子就能看出來。你們喝了點酒，暢聊了一個小時。最終老同學看到你過得沒他好，「心滿意足」的幫你叫了尊榮優步要送你回家。

你感覺到他的得意勁，不願意上車。但是沒辦法，沒捷運了，況且你也沒坐過百萬名車。深夜路寬車少，司機開得又快又穩，而窗外夜色正濃。過了晚上十二點就是新的一天，你的夢想清單已經積壓了三天未完成的任務。

「做不到的是小狗！」「嗯，好吧，就做一條快樂的小狗。」

每天都有意外的情況發生，清單上的夢想什麼時候才能實現呢？

總有意外讓行動無法持續

如果你在執行夢想清單時，連續三天都宣告失敗，那麼基本上就處於放棄的邊緣了。巨大的情緒波動，就像海浪拍打著海面上的一葉扁舟。無法承受的情緒波動是人選擇放棄的重要原因。人們不願意接受自己是說得到做不到的言而無信者，於是會想辦法平衡自我認知。有人會直接停止行動，告訴自己這樣的夢想不適切，下次重新開始；有人對未完成的任務視若無睹，告訴自己週末再補。

未婚人士尚有屬於自己的週末，這是最佳的「還債」時間：推掉約會，把自己關在房間，打開夢想清單，從早到晚一鼓作氣，逐次「消庫存」。不過，用一天補完五天的任務，難度不亞於週一到週五不吃飯然後週末一次補吃。而且，一旦「求完成」心切，做事時必然心浮氣躁。在成長的道路上，很多人都是自我欺騙的高手。

已婚人士就像戴著手銬跳舞了，沒有多少自己的時間，完成清單上的夢想簡直就是奢望。成家立業後的成年人，在職場中往往最脆弱，收入來源單一，又害怕丟掉工作，既要照顧另一半，又要輔導孩子的課業，還得照顧年邁的雙親，留給自己的時間更少。

我曾經接過一個關於時間管理的個人諮詢案例。一名高中教師想把時間安排得更妥當，騰出時間提升英語能力，因此來尋求我的建議。她在學校要幫學生上課、做研究，還得以院長身分處理行政事務，回家還要照顧孩子，每天都像上緊的發條。爬梳後我發現，她每天能騰出來不被打擾的時間只有四十分鐘，而且是在通勤路上。要利用四十分鐘的通勤時間提升英語能力，難度可想而知。

在日復一日疲於奔命的生活中，我們會漸漸忘記夢想清單裡的待辦事項。行動的蜜月期沒持續多久，記錄了夢想清單的筆記本依舊嶄新，我們欠下的任務越積越多。改變自己的憧憬已經模糊，成長的心田一片荒蕪。我們收拾行李，匆忙離開度假的海灘。天還是那麼藍，平靜的海面只有孤帆。陽光透過紗簾照在桌前的夢想清單，那裡的世界一片安靜，彷彿沒有我們的存在。回到生活的救火現場，只留下一聲歎息：「我還是沒辦法。」

生活中總有意外，每天都有特殊情況。「每天只要做一點，日積月累就會很多」的想法，逐漸被擱置到一邊。每天學英語、每天鍛鍊、每天讀書、每天寫文章、每天為孩子講故事……那麼多想法都從最開始的信心爆發，變成最後的不了了之，多次嘗試都無疾而終。從入門到放棄，很多人並沒有持續很長的時間：有人一兩週就繳械，有人三五個月中斷……

總有意外讓行動無法持續，以至於我們甚至選擇忘記自己曾經有過夢想。

無法突破的迴旋怪圈

每個人在收穫成長、取得進步的時候，都會遇到「迴旋怪圈」：開始時興奮熱切，在中間階段遇到突發情況手忙腳亂，抵達終點前放棄；經過一段時間的沉淪後，情緒平復，又會回到起點，重新開始。

時間流逝，那些未能實現的願望，在生活的槍林彈雨中暫時被遺忘在心靈的某個角落。等到繁忙的工作告一段落，心裡又開始發癢：我要進步，我要變成更好的自己，我要變得更強大，我要做更多事情……每逢新年開始或季節交替，這些想法最旺盛。

世間最痛苦的不是放棄，而是放棄過又想重新開始。我們會遺忘這些放棄的「前科」，對每一次新的開始，都充滿憧憬和渴望，全然忘記放棄時的掙扎。

把時間線拉長就會發現，雖然我們每時每刻都在努力，但只是在原地繞圈。每一次我們都充滿熱情的開始，備感焦慮的應付，手忙腳亂的維持努力的狀態，最後不了了之的結束。一個週期又一個週期，我們持續開始、持續放棄，卻完全沒有注意到自己一直在迴旋怪圈中進行週期運動。時間流逝，我們年歲漸高，距離出發點卻沒多遠。一篇話題文章〈你的同齡人，正在拋棄你〉曾在網路瘋傳，背後固然有強烈的情緒衝動，但更多的還是「年紀增長卻一事無成」的普遍焦慮。

出現這種現象的主要原因就在於，過去很長的一段時間內，我們一直在迴旋怪圈內重複降低水準，在「持續開始—持續放棄」中反覆掙扎，沒有占到時間的便宜，沒有實現成長複利。時間的流逝非但沒讓我們越活越開朗，反而讓我們越活越困惑，越活越壓抑。

越來越多人意識到「持續開始—持續放棄」的嚴重後果，開始尋找破解的方法。最近幾年，關於個人成長的知識產品暴風式增長：有的講時間管理，告訴你如何擁有高效率的人生；有的談性格塑造，說要有好性格才能有好命運；有的講人際關係，主張只有好的人際關係才能通往幸福；有的教你選擇，聲稱只要選得好就沒問題……知識付費時代到來，個人智慧財產權的崛起，刺激了個人成長主題的內容，達人如雨後春筍般出現。於是你又焦慮了：為什麼只有我這麼差？

我從二〇一四年開始寫作，以持續行動為自己的認知升級，並經營以持續行動為主題的社群。經過了五年的發展，我親眼看到有人強勢崛起，有人萎靡不振。我覺得在個人成長的道路上，始終有一個問題沒有得到正面、直接的回應：

教人如何成長的內容即使再好，如果只看不做，只聽不想，只輸入不輸出，就無法脫離「持續開始—持續放棄」的迴旋怪圈。我們買了那麼多課，學了那麼多理論知識，但是「聽的時候萬分投入，聽完該放棄的放棄，放棄後該痛苦的痛苦，痛苦完下次行動時該興奮的又繼續興奮」的現象仍然非常普遍。

這種「持續開始－持續放棄」的反覆過程就像詛咒一樣，牢牢地把一些想改變的人困在平庸之井中。我們似乎只能不斷從線上到線下，一次又一次的掏錢買課，幾百元一堂的線上語音課買了一遍，幾千元一期的線上訓練營又買一遍，上萬元的線下課程再買一遍，還有價格更高的私人訂製課程，砸錢把自己變成終身VIP。然而在交了大筆的學費以後，你的困惑非但沒減少，反而增加許多。我們一次又一次的追逐熱門課程，隨波逐流的連結人脈，最後卻沒換來內心的踏實和喜悅。能花錢解決的事都是小事，可是，花錢購買課程無法讓你突破「持續開始－持續放棄」的怪圈。

破解：從面對真相開始

在知識付費時代，很多人透過販售課程實現了逆轉人生，無時無刻不在網路上傳播「如何月入十萬」「靠副業賺錢」的方法秘笈。但是這些成功案例，有多少是因潮流興起所致，又有多少是由個人內在成長所觸發？沒有太多人真正關心和探討過。我們似乎很在意一堂課能賺多少錢，我們似乎很享受知識浪潮帶來的資產增值與個人名譽，卻很少關心價值究竟會在什麼地方展現出來。

如果價值無法透過課程傳遞，啟發無法透過知識的「交付」獲得，成長不能依內容設計推進，而知識付費的業者卻在為如何讓一門課變成爆款而絞盡腦汁，那麼即使業績再繁榮、課賣得再好，知識付費也是無本之木，無法長久。如果你曾經買過「保證加薪，無效退費」「月入十萬的小祕密」這些課，現在再回頭看，你會怎麼評價那個時候的自己？可能賣你課程的公司都找不到了。買了一次，你還會再買第二次嗎？

越來越多人認知到，買課只是一時衝動，而改變是持續行動的過程。一見鍾情只是開始，長久廝守才能通往幸福。

為什麼堅持那麼難，以至於我們甚至會否認堅持做一件事情的重要性？

為什麼做一件事情容易半途而廢，以至於我們只好選擇遺忘自己放棄過？

為什麼事情做到一半就會中斷，無法持續下去，以至於我們一直都在忙，卻毫無收穫？

怎樣才能打破迴旋怪圈，真正突破成長的限制？

當一個問題長期、持續的困擾我們，卻沒有得到解決時，背後往往存在重大的認知盲點。這來自我們的認知障礙，比如錯誤評判了某件事情的重要性、錯誤估計了某件事情的影響力……當我們以為的和事情的真實情況出現重大的不一致時，往往會根據自以為的想法採取行動，而外界卻以事情的真實情況為標準給我們回饋。這是經歷磨難的開始。

回到迴旋怪圈，如果我們總在反覆的持續開始、持續放棄，那麼是否意味著這件事情的難度遠遠大於我們的設想。我們總想輕描淡寫的開始，隨隨便便就搞定，然而「敵人」比我們強大太多。打沒有準備的仗卻毫不自知，是否這才是屢戰屢敗的重要原因？

我們要檢查自己的認知，看看自以為的情況是否和真實情況有很大的出入。要面對真相，升級認知，讓自己的理解和世界同步。

持續比想像得難

持續行動非常難卻異常重要，其難度跨越了時間和空間的維度——在不同維度上，人類都要面對持續行動的問題，卻未必都能做到持續行動。持續行動關乎個體能否長久做一件事，關乎家庭能否健康幸福，關乎事業能否持續發展，關乎企業能否在市場競爭中保持優勢，關乎國家和民族能否在歷史長河中保持活力……

我們在行動時會半途而廢，是因為並未真正從內心認知到持續行動的強大力量。要獲得強大的力量，必然得付出對等的努力，克服更大的困難。

持續行動的難度非常大，但我們對難度的認知應該來自內心深處，而非來自外界的說教和跟風附和，也不是來自「一看就懂」。在內心深處產生的認知根深柢固，而來自外界的說教猶如安裝的義肢，總是不真實。這兩種對於持續行動的認知，看上去很像，但是完全不一樣。我會在之後具體介紹持續行動到底難在何處。

在真實的世界長出自己的想法

十七世紀的法國哲學家巴斯卡在《思想錄》中曾經說過：「人們通常對於自己發現的道理，比別人發現的更加深信不疑。」充分認識一件事情的重要性，必須從感官層面出發，在大腦裡扎根，就像樹幹發出新芽，是生命的勃發、是內在能量的爆發。

我們經常用「地大物博、幅員遼闊」描述中國的地理特徵，然而對這個概念卻沒有太多感覺。這就是因為「地大物博、幅員遼闊」的認知是來自外界的灌輸，只因為重複的次數多而印刻在腦子裡，但是這並沒有真正成為認知體系的一部分，就像塑膠花一樣沒有生命。

當你真正有機會背起行囊，到中國體驗各地的風土人情時，就會發現原來那麼多地方有那麼多人都說著中國話，在同一社會制度下卻過著不同的生活。你的眼睛看到了極致的景色，耳朵聽到了各式的方言，嘴巴品嘗了酸甜苦辣的各種美食，雙腳踏過不同的土地。你觸摸每個到過的城市，甚至經歷了航班誤點之後在機場過夜的狼狽。忽然有一天，你的所見、所聞、所思、所想疊加在一起，統統湧上心頭，不由得感慨：「這個國家真大啊。」這時，

「地大物博、幅員遼闊」對你而言就不是乾癟的八個字，因為你的認知來自深刻的親身體驗，是投入了時間和精力換來的。這些經歷就像種子在腦海裡生根發芽，最終煥發生機。

二〇一七年，在我的第一本著作出版後，我跑了十一個城市舉辦課程，與各地讀者見面交流。在這過程中，更多人認識了我和我的書。除此之外，當時最大的收穫是深刻體會到地大物博、幅員遼闊的含義。

對我們的成長進步起到重要作用的認知，必須從頭腦裡「生長」出來。只有真正從腦袋生出來的想法，才算是自己的想法，才能成為自己的「第一反應」，才能變成自己的認知，才能引導我們過更好的生活。就像武林高手一樣，他們並不需要隨時手握武器，即使面對突發情況，也能見招拆招，靈活應對。

你有哪些關於成長、關於自己的想法，是在真實世界長出來的呢？

要自由生長，不要被動灌輸

自己生長出的想法，和知識服務產業「灌輸」的想法，有本質上的不同。

在知識付費時代，知識服務業者想方設法優化和更新內容，企圖透過更好的手法，讓「罐裝」的知識在不費腦力的情況下被接收。為了達到這個目的，複雜的原理往往要簡化成一些案例和故事，深奧的概念必須以形象化的方式讓受眾吸收。為了在很短的時間內讓讀者留下印象，知識服務業者必須有一些明確甚至破格的結論。在這種模式下，你好像不用怎麼努力，只要隨便聽聽，甚至利用零碎時間瀏覽一下資訊，就能搞懂天下所有的道理，完美的升級認知。

這些內容到底能不能代表知識的真實面貌呢？能不能讓我們在腦中形成自己的想法呢？宣傳廣告再美麗，上頭都會有一行小字——「一切以實物為準」。人們都說某個景點風景宜人，而你看到的是人山人海；據說當地人熱情好客，而你在攔車時偏偏遇到流氓司機；旅遊攻略推薦當地菜色實惠，結帳時飯店卻按「量」計價……

我們生活的世界錯綜複雜、立體多面，不僅有美好，還有醜陋。

經常搭飛機的人，可能會遇到航班取消的情況。旅行就是在真實世界遊走，穿越光明與黑暗，而意外不可避免。如果我們對世界的認知被過度修飾、干擾，和真實情況存有很大的差異，那麼按照錯誤的認知採取行動，只會碰得一鼻子灰。「持續開始—持續放棄」的迴旋怪圈，就是個人認知和真實情況不一致的一種表現。

生活中的挫折，其實是一種信號，要我們修正認知，與現實世界保持一致。只要生活沒有判你「極刑」，那就說明只要調整好狀態，還有機會扭轉局勢。從這個意義來看，我們要對過度精修的一切事物（既包括輕鬆搞定學習的課程，也包括社群網路上濃眉大眼、光彩照人的辣妹）保持警惕。

當精修的事物為我們帶來愉悅的體驗，輕鬆有趣的知識讓我們感覺大開眼界時，一定要留一個心眼問問自己：代價在哪裡？

你要樣品屋還是要毛胚屋？

你認為人們在買房的時候喜歡可以拉著行李就能入住的樣品屋，還是毛胚屋呢？

樣品屋的全部裝修工作已完成，很漂亮，置身其中，立即有種「這是我家」的感覺。精緻裝潢的房子表面光鮮，但是住一段時間後可能會發現不少問題：門掉漆，櫃子有異味，牆壁脫落。路遙知馬力，日久見人心，只要你住得時間長，就能知道樣品屋的裝修到底好不好。有些建商會在裝修過程偷工減料，一些樣品屋看上去很美、讓屋主省心，卻有可能金玉其外，敗絮其中。而發現問題需要時間，這就是享受精裝得付出的代價。

我們要有自己的想法，不能指望靠收集金句來解決問題——看到金句時感覺良好，一句「我懂了」便照單全收，卻不考察這個想法的來龍去脈。精心炮製的罐裝知識，有沒有可能像偷工減料的樣品屋一樣埋下隱患呢？如果採用劣質材料裝修新房，那麼房屋釋放出的超標甲醛等有害氣體，會對居住者、尤其是小孩造成嚴重的傷害。如果你全然不知，便得默默承受痛苦。

精裝過的觀點，是否也有類似的情況？我們容易被一些討喜的觀點吸引，長期沉浸其中，有沒有可能被嚴重誤導，以致於無法認識真實的世界？

另外，我們現在經歷的「持續開始－持續放棄」迴旋怪圈、遭遇的生活苦難，有沒有可能來自一些精裝過的觀點的影響？只不過長久置身其中，我們的嗅覺麻木了，全然沒有發現，正所謂「如入鮑魚之肆，久而不聞其臭」。帶著這些有偏差的認知生活，自然也要承擔後果。

回到樣品屋與毛胚屋的例子。目前市場上除了部分豪宅，絕大多數建商交付的都是毛胚屋，由屋主自行裝修。這樣做的好處，一是細節可控，二是成本可控。屋主可以自己去建材市場購置材料，自己找工班施工，雖然可能買到價格偏高的裝修材料，但是偷工減料的空間更小。

而這也意味著，你買的房子要變成「施工現場」，但你能看到設計圖變成現實的過程。你必須根據房子的屋型和實際情況進行裝修，經歷漫長的施工後，你對每一個裝修細節都能如數家珍。

我們的大腦就像自己的房子。你是要偷工減料的樣品屋，還是自己動手並嚴格把關的家呢？如果你想住得踏實一些，就從施工現場開始。施工現場一點也不吸引人，但可以看到從毛胚屋變成溫馨的家的每一步變化。你想要自己的房子嗎？你想要自己設計的大腦嗎？

理解持續是怎麼一回事，你就不會害怕

為什麼一件事情，別人可以持續做下去，我卻不能？

為什麼我總是放棄，哪怕明明知道堅持很重要？

在這本書裡，我拋棄方法與技巧的堆砌，嘗試用一種新的角度帶大家重新認識我們遇到的問題。在遇到個人成長問題的時候，可不可以放棄透過求助外界的方式尋找答案，而採取向內尋找的方式來獲得重要的啟發？

要做到這一點，就要在腦袋裡播下行動的種子，給予適當的生長環境，讓它生根發芽。我們應該讓想法在腦海裡生長出來，而不是直接往大腦灌輸想法。前者是活的靈魂，會讓我們的認知更有生命力；而後者就像在地面上潑綠油漆偽裝成草坪，只是為了應付。

為了讓想法生長出來，我們要做的不是揠苗助長，不是在大腦裡強行安插想法。你可以理解為，我們追求的是一種頓悟或者開竅。而為了實現，要做好所有的準備工作，唯獨不能代替大腦直接頓悟和開竅。

為了讓種子發芽，我們需要有適宜的土壤、空氣、水分、光照，然後靜候佳音。我們可以直接從種子裡挑出芽嗎？我們可以手動幫助細胞分裂嗎？在大自然的生命演進過程中，我們目前沒有能力按照自己的想法按快速鍵。為了能讓想法在大腦中生長出來，我們需要做什麼事情呢？

在這本書，我會嘗試給出解決方案。而這套方案的核心思考就是：做一次認知的模擬，一次思考的實驗。

我們就像遊戲的玩家，現在玩的是持續力養成的遊戲。如果要從零開始持續做一件事情，那麼在堅持不同的時間長度時，分別會遇到什麼樣的問題？在每個關卡要注意什麼？

一件事情持續做一週，會有什麼原因讓我們想放棄？

一件事情持續三個月，我們要關注什麼要點？

一件事情持續三年，我們會看到什麼不同的風景？

一件事情持續做三十年，我們的人生會達到什麼樣的高度？

當你面對困難，深陷其中，百思不得其解時，不妨擴大你的視野，看看更大的、更真實的世界。一件事情如果不能持續，就會失去與它有關的所有可能，只留下曇花一現的回憶。而很多美好的事情，往往需要經過時間的淬鍊和考驗。你看到的越多，體會的越多，行動的越多，就像為大腦準備適宜的土壤、空氣、水分和光照，請期待種子在腦海中生根發芽吧！

你無法做一件事情堅持到一週？那我先帶你看看，把一件事情持續做三年，會是什麼樣子。之後你會發現，堅持做一件事情到一週的困難根本算不了什麼。

你無法投入一件事情長達三個月？那我告訴你，如果一件事情做三十年會遇到什麼問題，然後你會意識到三個月與三十年相比，簡直就是滄海一粟。

在面對成長的問題時，我們需要用更大的格局來引領思考與認知。而有了這些引導，你會發現想法慢慢跟以前不一樣。當你發現對原來的事情有了完全不一樣的看法時，所需要的改變已經悄悄來到了身邊。這些看法不是來自任何人的灌輸，而是來自你的所見所聞、行動實踐、盤點總結、所思所想。

在這本書裡，我會沿著時間的維度，和大家進行一次認知升級探索。我會結合自己持續行動的經歷與對持續行動的理解，梳理想法、整理思考結果，你會看到我的想法是如何生長出來的。如果你能跟上我的思路並採取行動，那麼你也會產生不同的新想法。而這些新的、渾然天成的想法，才是打開通往美好明日之門的鑰匙。

這本書可以成為你的持續行動指南。當你從持續行動的一個階段過渡到下一階段的時候，請記得把這本書打開——它就像一座城市的旅遊攻略，告訴你要注意什麼問題，哪裡有好吃的，哪裡可以遇到有趣的人。

準備好了嗎？持續力的認知升級之旅現在開始。

人生各階段都能用到的行動指南

這本書可以作為持續行動者的行動指南，陪伴我們從想到，到做到。我按照不同的持續行動時間長度——十天、一百天、一千天和一萬天，將本書畫分成不同章節。每章重點討論在每個持續行動階段可能會遇到的問題，以及相應的行動原則。

世上只有兩種人，持續行動的人和不持續行動的人。持續行動的人往往很相似，至少都是「持續」的；而不持續行動的人，各有各的原因。在序章，我試圖剝離千變萬化的表象，找到共同的癥結。針對每個人在開始行動時面臨的共通問題，提出解決思路：勇於面對真相，正確認識持續行動的難度，在腦中形成自己的想法，再透過持續行動實現目標。

剛開始行動的時候，我們需要用一些最基本的理念武裝自己。第一章「先行動，再思考」，主要討論從開始行動到持續行動十天左右，我們會遇到的問題。這一章重點在幫助大家糾正「道理我都懂」的認知偏差，引入關於持續行動的一些基本原則，比如一天鎖定一小時堅持每天行動等。有了這些基本原則，我們就容易將一件事情持續做十天。

當我們已經能持續行動十天的時候，就要馬上面對持續行動一百天的關卡。持續行動十天只是嘗鮮，而持續行動一百天需要多花一些力氣。第二章「如何快速進入新領域」，談論的是當持續做一件事達到一百天時，我們會遇到的問題和需要注意的事項。在這個時候，如何解決興趣消減的問題、如何看待已經取得的進步、如何正確認識時間管理，以及什麼才是正確的事情等都更加重要。本章的要點可以陪伴你平穩度過持續行動的第一個一百天。

當持續把一件事做一百天時，我們馬上會思考持續行動一千天的問題。對於一百天而言，一千天的規格擴大了十倍，但是我們要面對的問題卻重要百倍以上。第三章「競爭壁壘是如何形成的」，討論的就是如果我們能用一千天（三年左右）做一件事情，那麼周圍環境會發生什麼變化，我們自己會發生什麼變化。在這個階段，我們會開始思考：什麼才是牢固的競爭壁壘？為什麼有一些現象我們無法理解？我們的能力邊界在哪裡？這章會提出解析，相信可以幫你平穩度過持續行動的第一個一千天。

如果你能持續行動一千天，恭喜你，因為你在某個領域可能已經小有所成。這時，可以放肆展望一下未來一萬天（也就是三十年左右）的光景。三十年可不是一段短暫的人生旅程，我目前也只度過了一個三十年。第四章「保護大腦比保護錢包更重要」的部分內容來自行動經驗，部分內容則來自認知層面的分析推理。我們在這階段面對的問題超越了前面幾個階段的總和，但是又並非完全與前幾階段分割。如果能持續三十年做一件事情，那麼你可能會賺到很多錢，也可能獲得了足夠的聲望。此時，財富、地位、榮譽等一切曾經極度渴望的，已經盡在囊中。但是，我們要思考，在這些光鮮事物的背後，到底什麼更重要，如何才能更持久的做一件事？我們也許會非常富有，但是更可能因為錯誤判斷與信念的偏差，敗掉全部家產；我們可能聲名顯赫，卻因過於自我膨脹，一著不慎，滿盤皆輸。

一萬天的持續行動，時間長、難度大，我們可能因此功成名就，卻在下一代教育的問題上無力回天。在這一章，我希望透過整理提煉出來的認知角度，能夠幫助你平穩度過持續行動的第一個一萬天。

如果你是第一次看到我的作品，並對持續行動這個話題感興趣，那麼我要感謝這段緣分。我相信，不管你處在人生的哪個階段，本書都可以給你一些不同的視角，甚至重要的啟發。

仍在迷途的新人

如果你仍然處於迷茫與困頓中，做事總是無法持續，情緒反覆崩潰，那麼這本書可以為你點亮一盞燈。點亮的方法就是書裡的各種小「手段」，而這些手段的最終目的是讓你開始行動。你可以從零開始，先小心謹慎的持續行動十天，感受一下自己的變化。如果一切正常，那就再持續行動一百天；如果感覺不適應，那就再持續一次十天，鞏固已有的成果。不要急，不要怕，迷途知返，也要繼續前行。

為什麼我相信這本書裡的內容能讓你開始行動呢？因為所有文字都是我的親身經歷。你走過的迷途，我曾走得更遠。能點亮你的，也曾點燃過我。倘若你開始真正行動，與我產生強烈的共鳴，不是因為我有多正確，而是你和我同樣發現了以前沒有注意到的事實和真相。

一旦開始持續行動，你和我就都是持續行動者了。

已經起航的奮鬥者

如果你已經在人生的奮鬥旅程中擁有自己的目標，有一些想法，卻感覺生活少一點色彩，活得仍然不夠精采，那麼本書一千天的持續行動會很有參考價值。

剛上國一、高一、大一的讀者，如果執行好一千天持續行動計畫，那麼三年後就正好能摘取勝利的果實。考上好高中、進入好大學、找到好工作，這些結果都來自一千天前播下的種子和持續行動的灌溉。三年後，我們將走上不同的人生道路，這和三年前的認知、選擇，以及一千天的持續行動密切相關。

你如果剛開始工作，不管是否忙碌，都要想想一千天（約三年）以後，你所處的行業會發生什麼變化、你自己會有什麼改變。如果想在時間的流逝中，留下一些能複利、可回味的記憶，那一千天的持續行動是不二選擇。

我的第一個一千天持續行動結束後，有了第一本書；而在第二個一千天持續行動還沒結束時，這本書就誕生了。這是曾經處於迷途深處的我，全然無法想像的結果。

不管你做什麼，一千個日子總會過去。持續行動一千天，我們不僅可以想到、做到，甚至可以做到想不到的。

已有所成的高手

如果你已經在工作領域取得了不俗的成就，那麼本書關於一萬天持續行動的內容，將會為你帶來些許啟發。我在本章重點論述了什麼樣的需求會更持久、如何自己複製自己、為什麼要保護大腦等議題。這些主題對於業有所成的高手而言，至關重要。

當我們一路成長，從新人變成高手時，會變得更加強大，也會承擔更多的責任。而這意味著，如果犯下嚴重的錯誤，會付出更慘痛的代價。從這個角度來看，當越有能力持續行動時，越要思考什麼信念對我們來說最重要，以及應該樹立怎樣的價值觀和堅守什麼理念。

每個人的一生都會擁有幾段的一萬天（三十年左右）。第一段我們正值大好年華，第二段我們成熟老練，第三段我們看重平安健康。從三十年的視角看自己、看家庭、看社會，能帶給我們更多的生活智慧、寧靜與祥和。

持續行動是一個非常有意思的認知框架，而閱讀本書的你也可以貢獻你的認知能力，以及更多思考與案例來完善這個框架。讓我們一起持續行動，刻意學習，升級認知吧！

第一章 先行動，再思考

10天

道理我都懂，就是做不到

生活中有一種人，既自大又謙虛。他們最愛說的話是「這道理我懂」。他們經常「虛心」向人請教，但是不管對方說什麼，他都會回答「這個我懂」，潛台詞是「你能講點新鮮的嗎」。到頭來，他們覺得自己什麼都懂，卻又困惑為什麼自己做不到，不得不繼續到處請教比他們厲害的人。

如果你和這樣的朋友「小明」對話，會像這樣：

你：「剛才聽你說了那麼多，我認為你只是看上去知道得多，其實做的事情太少。人只有透過行動才能改變自己，行為能改變態度，不能眼高手低。」

小明：「哦，這道理我懂，只有行動才能讓我改變。但是我就是無法採取行動，我就是缺少一個好方法。」

你：「行動的關鍵在於開始做。事情做了之後，你會發現方法不是一成不變的。

哪怕一開始方法不好，也能邊做邊改進。而且做得越多，自己也越能發現新的做事方法。」

小明：「這道理我懂，方法可能不是最重要的，但是如果沒有合適的方法，我怎麼知道自己有沒有走錯方向？」

你：「事情剛開始時，誰都無法保證方向是對的。如果你持續做，在每次行動中總結經驗，做出調整，會慢慢找到正確的方向。」

小明：「這我知道，方向總是在行動的過程中出現。但是，如果沒有正確的方向，那我豈不是要走很多冤枉路？我不想繞遠路，我要有高效率的人生。」

……

高品質的對話就像一場精彩的乒乓球比賽。你把話題擊過來，我接住然後打回去。你加急加轉，我對攻反拉。一來一回，棋逢對手，節奏舒適。觀看頂尖選手間的乒乓球賽，也是一場享受。而和小明對話就比較費勁。小明打球從不用球拍，專用手抓乒乓球，抓完重新發球。你掏心掏肺，小明的第一反應永遠都是「這個我懂」，然後把自己原有的觀點再強調一遍。這樣的對話，每多經歷一次，都是對雙方友誼的傷害。

很多人吃飯喜歡用手抓，也有不少人打球時只會手抓球。更要命的是，手抓球練得多了，比拿球拍打還要順手，甚至會認為自己很厲害。如果你在打乒乓球時，遇到一個只會用手抓球的對手，你會怎麼辦？

不要笑，那個只會用手抓球的人，很可能就是我們自己。

因為不懂，所以過得不好

如果你會打乒乓球，就知道發球非常重要。球發得好，對手接不住，便能直接得分。要發好球非常不容易，得下苦功。然而，再好的發球，對於只會用手抓球的人來說，都是一樣，大手一伸，任何發過來的球都在他手裡停止旋轉。一次漂亮的發球，一場精彩的比賽，一段有深度的對話，完全糟蹋在一個「用手抓球」的人手上。真是暴殄天物！

如果真心想提高自己打球的水準，應該認真對待對方的每一次擊球，要用球拍接，別用手抓。如果真心想獲得一些啟發，要認真傾聽朋友的肺腑之言，不要連忙說「這個道理我懂」。你習慣用手抓球，以為自己能接住所有球，但是這種打法根本不入流，連比賽都參加不了。自以為懂一切道理，但生活卻原地踏步，於是你納悶起來：既然道理我都懂，為什麼沒有改變，難道是懂得不夠多？

網路上凡是有「道理我都懂，卻過不好這一生」的話題，總會引起大批人的共鳴。一群人湊在一起感慨：「對啊，我們既然知道這麼多道理，怎樣才能過好這一生呢？」於是開始研究有沒有其他「過好生活」的道理，又開始到處求教了。

如果你近幾年都在思考「為什麼道理我都懂，卻過不好這一生」，嘗試各種辦法卻得不到滿意的答案，那就表示你離真實的世界有點遠，沒有問對問題，所以才會陷入僵局。一群只會用手抓球的人，想組隊參加奧運拿冠軍，怎麼可能呢？生活常識告訴我們，這些手抓球的人，應該先學會用手抓球拍。

「為什麼道理我都懂，卻過不好這一生？」這句話的前提是「道理我都懂」。而這前提會把我們帶往哪裡呢？帶我們往更多糾結、迷茫，更多新問題、唯獨沒有解決方法的地方。如果一個問題讓你百思不得其解，越探索它越糾纏，你越努力它越複雜，那麼一定要停下腳步，看看前提有沒有問題。

回到起點，答案很簡單。核心並不在於「為什麼過不好」，而是並沒有真正「懂」的道理。「為什麼道理我都懂，卻過不好這一生」，因為你沒弄懂道理。答案簡單到令人難以置信。一直裝懂，脫離現實，必定搞不出真名堂。當你把注意力從「過好這一生」轉移到「懂」上，問題就能迎刃而解。道理我不懂，卻過不好這一生，這是為什麼？這就像問一個人「三天沒吃東西，為什麼肚子餓」一樣，答案簡單明瞭，連幼稚園的小孩都能告訴你：你不吃東西，不餓才怪！你不懂道理，當然過不好這一生。

那要怎麼辦？既然不懂，那就去搞懂，問題不就解決了？

利用常識思考，讓我們頭腦清醒。而脫離常識，會蒙蔽雙眼，導致我們迷失方向。過去在「道理我都懂」的錯誤前提下苦苦追尋答案，現在不如換個角度，升級認知，就會發現原來方向搞錯了。真實的情況是我們壓根什麼都不懂，卻活在自以為什麼都懂的幻覺裡。預期和現實不一致，我們若以錯誤的認知去行動，又不及時修正，就會出大問題。要嘛是一次失敗的創業，要嘛是無法持續的婚姻，不然就是身體健康出現問題，或是投資出現巨額虧損、直接破產……

「道理我都懂，卻過不好這一生？」別再這麼問了，道理你並不懂。每一個喜歡說「道理我都懂」的人，都是富有的乞丐，每天拿著金碗討飯。這個問題的答案就在我們忽略的假設前提裡，就在我們討飯的金碗中，就在我們得意揚揚抓乒乓球的手裡。

有些人並不擁有一個什麼，但是他們以為自己擁有；有些人並不懂得一個道理，卻以為自己懂了。他們的腦袋在幻覺中，靈魂在空中樓閣裡，身體卻行走在真實的世界，必然得承受無所不在的痛苦。

自以為懂的幻覺

為什麼我們會把自己不懂的當作懂了呢？不懂裝懂，背後的動機是什麼？什麼叫做「懂」？感覺懂，是真的懂了嗎？

回憶一下，上一次感覺自己懂了，大呼「醍醐灌頂」，是什麼時候？

場景一：有個問題一直困擾你，而你百思不得其解。你查閱大量資料，將理論付諸實踐，不斷總結；你犯了很多錯誤，遇到很多問題，不停調整策略，卻始終找不到答案，內心備感痛苦。終於，你在某天睡前靈光一閃，所有細節在腦海中連起來，形成完整的畫面，才發現答案竟然如此明顯。頓悟之後，你把所有邏輯理清，代入到其他問題也環環破解。你奮筆疾書，恨不得把這一切全寫在紙上，抓住這美好的感覺。你突然有了很大的信心，更有勇氣面對未來，好像在海上看到日出，遠方是無限光明和希望。回顧這一段經驗，在經歷了幾十個日夜甚至更長時間之後，終於探求到問題的答案。現在你再回頭看當初查閱的資料，就會發現你現在對它的理解，和當初對它的理解完全不一樣。

場景二：你讀了一本書，作者是某領域的專家。專家運用平實的語言和通俗的例子，告訴你某個領域的基本原理。書的內容非常淺顯，一小時就看完了，跟著書裡的案例走，邏輯也通順。專家在書中告訴讀者，要自己動手算一算、寫一寫，還出了幾道習題。但是你不想動、懶得寫，就隨便看看。你覺得這本書「大概是這樣」，應該不難，以為自己懂了，覺得很興奮。你開始畫心智圖，挑出金句，寫讀書心得，發到臉書、IG跟人分享；有人按讚、留言，你更高興。你覺得自己懂了，感覺已經完成一次刻意練習，認知有所提升，於是心滿意足的繼續看下一本書。你相信這樣走下去，人生一定會有變化。

在這兩個場景中，你認為哪一個更符合你的學習經歷？你更喜歡怎樣的學習體驗？哪個場景更能提升學習效果？如果是你的孩子，你希望他獲得哪種學習體驗？

每年我都會在自己的社團舉辦讀書會。我辦讀書會的最大特點在於，每次選擇一個領域的幾本經典書籍，與社團成員一起認真讀完。一期累積一個領域的知識，只要堅持下去，成員們就可以拓寬認知的邊界。從二〇一七年開始，我帶著成員讀完了《國富論》《戰爭論》《資本論》等很多人可能一輩子都不打算涉獵的作品，主動學習傳播學、經濟學、心理學、政治哲學、神經科學等方面的知識。

這些書我並沒有提前讀過，而是刻意要求自己每天早上和大家一起讀，吸收書上的內容，讀完馬上分享心得，之後再提出幾個問題，與大家共同討論。透過這種「現學現賣」的方式，我訓練了自己的資訊處理能力與反應能力，社團成員也在閱讀中觀察到彼此面對困難的態度和行為，在實戰中學習。這就是成長的施工現場，最真實的學習場景。

一次關於「財報與財富」的主題讀書會，目的是讓大家透過刻意學習，看懂上市公司的財務報表，培養基本的財務分析能力，繼而形成良好的投資習慣。我選擇了八本書作為這次的主題閱讀書目，其中兩本《用生活常識就能看懂財務報表》《不懂財報，也能輕鬆選出賺錢績優股》相對通俗易懂。有些同學比較積極，在活動開始前，花一個晚上讀完了兩本，興高采烈地告訴大家：這次的書目不難讀，我已經看完前兩本了。

在讀書會正式開始後，我請大家根據我出的題目做回答，並在答完題後寫下感想。這些題目涉及財務指標的計算、產業與公司的調查研究，以及對投資決策的看法。有意思的事情來了，最初認為這些書很好讀的同學，無一不例外的大反轉：

「原本我以為財務報表很簡單，沒想到一動手計算，卻發現大腦一片空白，其實自己並沒有看懂。」

「看書學了一段時間後會產生自滿的心態，覺得內容看懂了，很有成就感，但拿到作業後立刻有被打臉的感覺：離看懂還差得遠呢。」

「一開始的時候認為這些書一定比《資本論》簡單，也沒太上心，做作業才發現自己原來都是讀『假』的！」

「雖然一個晚上就讀完兩本，也覺得書中內容並不難，可是做起題目來，一點也不輕鬆，太打臉了。」

「回答問題的時候，發現根本不能直接從書上找到答案，必須全部認真再看幾遍才行，原來自己之前根本沒有抓到重點。」

一直以來，能接受我文章風格的讀者，一般具有較高的文化水準和較強的學習意願。他們長期關注我的社群，最終加入讀書會，在進取心上已經是百裡挑一。即便如此，當我們一起上了讀書戰場，面對同樣的學習任務、回答同樣的問題，用嚴格的要求檢驗學習成果的時候，還是發現很多人平時學習的功夫不到位。

我問了許多人哪個場景對提升學習更有效，大部分人的回答都是「場景一」，他們認為學習重要的是經歷艱難困苦後的領悟。但是當我們開始一起學習，共同接受問題考查時，很多人嘴上說「場景一」，實際上卻以「場景二」的方式學習。說一套，做一套，大致翻翻隨便看看就以為懂了。不經歷考驗，大家都以為自己是學習高手；結果一上戰場，全部原形畢露。

更有意思的是，很多人對我說，自己從來沒有想到書竟然可以這樣讀、可以讀到這個深度，也從來沒發現讀書能讓人印象如此深刻。這反而讓我疑惑，學習不就是應該保持這樣的強度與深度嗎？看來很多人並沒有真正經歷過長期艱苦的學習訓練，也沒有被人以嚴格的標準要求過。如果在學習上得不到真刀實槍的歷練，就會把「場景二」隨便看看、好像懂了的感覺，當成「場景一」中醍醐灌頂的學習體驗。

大家都在學習，一種人經歷艱難困苦最後學會了（場景一），一種人隨便翻翻就感覺懂了（場景二）。他們都以為自己學到了，都在某一瞬間「醍醐灌頂」，都感覺自己在進步，是終身學習者。但事實上，二者之中必然有一種是幻覺，是假學習。假學習的人知道自己在裝懂嗎？《西遊記》裡有一段真假美猴王的故事，兩隻猴子同時在唐僧面前喊師傅，被念緊箍咒時都會頭痛，但只有一隻是真美猴王，另一隻是假的。到底哪一隻是假的呢？來到如來佛祖面前，兩隻猴子都還在申辯自己是真的美猴王。

在社團的讀書會中，由於設置了考查問題，參與者在答題的環節能夠第一時間發現「懂了」的幻覺，可以及時干預。在一系列有針對性的問題的密集拷問下，幻覺無處可逃，「懂」的錯覺會馬上現出原形。但我們若在生活中出現「懂」的幻覺，並且沒有及時校正，就很容易犯錯。尤其是當你在職場上具有一定影響力的時候，周圍人都在說好聽話，會進一步加劇你犯下的錯誤。

大家都有一定的包容能力，做一、兩件傻事，也未必會立刻得到懲罰，可能也沒有人會說不行，有時甚至還有意想不到的正面回饋。我們葬送自己未來的時候，沒有人會為我們做出預警。生活是一張漫長的考卷，我們不停的寫，卻不能馬上看到標準答案，也不知道有沒有錯，但是突然有一天，你發現塗錯答案卡，而馬上就要交卷。

我們在生活中遇到的很多困難，都是這樣慢慢累積出來的。最開始問題並不明顯，雖然來得及修正，但常常忽略它們。直到問題變得嚴重，我們才注意到已經錯過最佳修正的時間。每一個中年危機的背後，都曾有走錯路的少年。時間的審判經常會遲到，但是不會缺席。

不要輕易說自己懂一個道理，雖然道理中的每個字你都認識，但是加在一起代表的含義，真的大不相同。

別再說你都懂

懂一個道理，可以分為以下幾個層次。

第一個層次，也是最基本的：道理通俗易懂，聞者會心一笑，蹦出兩個字——懂了。就像打一個飽嗝，但是速度有點快，還沒消化。打飽嗝不能證明什麼，喝汽水也會打飽嗝。

第二個層次：道理聽起來很押韻，聽到的人也能自己發想，挑出一些問題，說上個幾句。這就等於上了一個臺階，批評其實不費勁，有很多萬能句型可以用。但是，要說出個所以然沒那麼簡單，就像欣賞一幅畫作，如果沒一點根底，就只能說「畫得很好，像真的一樣」。

第三個層次：自己做了一些事，在腦海裡產生了一些想法，聽到道理時有共鳴，如久別相見般備感親切，渾身上下有一股暖流通過，覺得事情做得很值得。當你發現自己領悟到的道理，別人早已總結好，你非但不會覺得自己蠢，反而會有英雄惜英雄之感。

就算是一個簡單的「懂」字，也有不同的深度。《道德經》有言：「上士聞道，勤而行之；中士聞道，若存若亡；下士聞道，大笑之。不笑不足以為道。」深度的區別在於我們花費了多少代價，去換來那個「懂」的感覺。輕鬆的懂，代價少，路徑短，忘得快，有誤差；花費大量時間和精力去領悟的道理，時間長，見效慢，印象深刻，可以內化成自身的本領。在外人看來，可能都是「懂」，但背後功力的深淺，卻有天壞之別。

我一直認為，道理不是白撿的就便宜，也不是一聽就能懂。為了懂一個道理，往往要付出一定的代價。很多人不免覺得，懂一個道理需要什麼代價，聽了不就懂了？但是，聽懂道理的字面意思，不代表真的領悟了。

這裡繼續用生活常識來解釋「懂」的問題。在現實生活中，我們過度的依賴常識，畢竟連常識都沒有的人，在漫長的生命演化過程中會被淘汰。如果不怕高，可能會因為毫無底線的挑戰高處，跌落而亡；如果不怕火，可能玩火自焚。我們的基因都嵌入了自然與社會的生存演化法則。而在精神世界，情況恰恰相反。有時候，精神世界似乎特別不可靠，沒心沒肺、沒章法，找不到自己，定不了邊界，容易把別人的當成自己的，把自己的當成別人的。在現實世界，走錯家門、進錯社區並不常見，但是在精神世界，我們經常把車開到別人家的窗臺上。

如果你想不明白一些問題，可以用類比的方法，看看生活中的常識是什麼樣子，就能獲得一些意想不到的啟發。這些年，有個常識讓很多人很痛苦，就是有些城市房價很高，以致年輕人很難在一線城市買房定居。平時在網路上，討論該不該穿衛生褲、粽子應該是甜還鹹的時候，總會有所謂的派系之爭，但是一說房價高，這些人可以迅速達成共識。一線城市的房價高已經成為社會「常識」，甚至在很多人眼裡，房價還會繼續上漲。這裡我們不討論房價漲跌趨勢。換個角度思考：為什麼房價高是普遍的共識，你覺得背後原因在哪裡？先不要往下看，在心中想一個答案。

（象徵性空幾行代表你在思考。）

想好了嗎？我不打算和你談論人口、經濟、土地、政策的問題。只和你說常識：只要對比一下房價和個人收入，很多人就知道自己買不起房子。正因為知道自己買不起，才會反過來堅信房價高。你看，這個認知多麼可靠！當我們買不起房子的時候，心裡是很有數的。當我們知道自己很窮的時候，一點幻想也不會有。看看自己的錢包，查查銀行帳戶的餘額，翻翻家裡老本，盤算一下能借錢給自己買房的親戚有幾個，現實就像一盆冷水潑在我們身上。如果所有的積蓄加起來還不夠買下一間廁所，大多數人就會真切感受到自己買不起房子。當一個人發現自己工作十年的積蓄都付不起頭期款時，自然就得出房價很高的結論。

只要看收入情況，很多人就不會在一線城市買房這件事上有幻覺，此時的認知特別可靠。現實生活是常識很管用的地方，沒錢就是沒錢，我們不會把別人的錢當成自己的。我們不會說「雖然我沒錢，但是股神巴菲特很有錢，所以我就有錢」。我們知道自己的錢和巴菲特的錢沒有半點關係，除非買了波克夏公司的股票。我們如果只有一萬元的老本，就不會對著標價一千萬元的房子說買下，然後跑去簽房地契約。如果你敢這麼做，再和藹友善的房仲也會秒變臉，覺得你在戲弄他。

在真實世界裡，我們對自己的認知很清楚，尤其關於收入。走進商場，看到標價上萬元的包、幾十萬元的手錶、上百萬元的車，大部分人會說「我只是看看」，而不是「這排櫃子裡的，一樣包十個」。漫步城市的核心商務圈，看到高樓林立，我們會說這裡寸土寸金，而不是「我要把這條街全部買下來」。如果沒錢，我們心裡有數，不會隨便說要買。即使買得起，很多人也會裝窮說買不起，畢竟「謙虛才是美德」。如果我們沒錢，還裝有錢人買包、買樓、買公司，到簽約付款時就會馬上露餡，嚴重的話還可能因為涉嫌詐騙，吃一頓官司。

但是換成對道理的認知，我們就會犯糊塗。道理是前人智慧的結晶，懂得一個道理，就像買得起一棟樓。聽到道理就說自己懂，無異於指著信義區的豪宅高樓說，「這整棟都是我的。」你聽到的道理，是別人的道理。你看到的豪宅大樓，是別人的家。深刻的道理就像現實世界的資產，好房子不是輕易能買得起的。深刻的道理也一樣，大量實踐和無數代價的累積，才能凝結出一句朗朗上口的話，傳承至今。

隨便一聽就覺得懂了，是一件非常荒謬的事。別人口袋裡掏出的錢，是別人賺到的；別人理解的道理，是在別人腦袋扎根的。而我們要掌握生財之道和道理的本質，這樣才能真正擁有屬於自己的錢和道理。

世界運行的方式不是所見即所得。否則世界上最有錢的人，應該是銀行行員，因為他們每天清點大量貨幣。如果我們的認知水準由聽過的道理決定，那世上最有智慧的人可能是媒體編輯，因為他們每天要經手大批的文章（包含大量的濟世良言和深刻道理）。

當你聽到一個道理時，要想想，搞懂這個道理是不是有代價；就像房產都有標價，你有沒有資本去「懂」。我們不能天真的以為，知道了字面的意思，就理解了道理的本質。這和看到別人口袋裡的錢，便認為自己有錢，有什麼區別？

如果透過類比建立了這個認知，就會發現在這世上，除了有買不起的房，還有弄不懂的道理，為此要下的工夫，有時真會讓人望而卻步。這就是為什麼會有「朝聞道，夕死可矣」的說法了。

作為一介普通人，倘若我們真心認為自己能力有限，無法花費大量時間和精力去弄懂一個道理，抱著隨便聽聽就感覺懂了的心態，堅守在前文提到的第一個「懂」的層次，也無可厚非。即使你根本買不起一棟樓，仍然可以在街上看夜景，然後拍照、上傳到臉書。正因為大多數人買不起，一些頂級的地方乾脆被開發為旅遊景點，販售觀光門票。賣門票，也是知識付費這個行業正在做的事情。懂一個道理太貴了，付費也沒辦法讓你懂一切知識，但至少可以賣你一張「觀光門票」。

只是在觀光的時候，我們應該知道這世界永遠有更大的圖景，山外有山，人外有人，買不起的樓仍然有主人。而不是在買完門票之後，問自己為什麼沒有拿到地契。

既然知道自己只是一名參觀道理大樓的遊客，我們應該將心態擺正。這樣至少在生活不順心時，也能清楚問題在哪，知道這是自己選擇的，而不是盲目抱怨「道理我都懂，卻過不好這一生」。

畢竟，過好一生可不是一件容易的事情。

每天都有藉口阻止你前行

半夜十二點，我接到小明打來的電話，他語氣局促：

「S老師，我要學習英語，想和你一起行動⋯⋯」

以我對小明的了解，半夜下決心，「非奸即盜」。

「怎麼啦？受到什麼刺激了嗎？記住，不管發生什麼，睡一覺就好了。年輕人不要老熬夜，早點休息。」

「不不不，我這次是認真的。」

「你上次來找我，也是認真的。」

「自從你告訴我『懂』分為不同的層次，我就沒再說過『道理我都懂了』。」

「看來有進步，這次你遇到什麼事？」

「我今天和外國客戶開會，當中有個漂亮的小姐英文講得特別好。她問我怎麼連接公司的無線網路，但是我不知道怎麼用英文表達。要是我英語流利，就能和她談笑風生了，說不定還能解決單身問題……」

我笑了：「你想多了吧。果然是熱血不如荷爾蒙啊。那這樣，你明天睡醒之後再來找我，如果你到時候還想學英語，我們再聊。」

說完，我便掛了電話。

欲望是進步的動力，只是有些欲望來得快，去得也快——第二天一睜開眼，我們便忘得一乾二淨，這就是所謂的「晚上睡前千條路，早上起來走老路」。

受到刺激才行動，萬一沒刺激呢？

金融經濟學教授史蒂芬．羅斯在書中寫道，回應環境刺激是最原始生命的求生方式，連細菌都會透過溶液中食物信號的濃度調整運動方向，最終向食物最多的源頭逆勢前進，這叫化學趨向性。我們也會根據環境刺激來行動，「受到刺激—開始行動」就是根植於心中的行為模式。

在酒店大廳看到美女彈琴，想到小時候放棄的鋼琴課；在商務會議中被對方以語言優勢施加壓力，想到拿起又放下的英語學習；競爭重要職位卻因在最終面試環節發揮不好而落敗，想到曾經中斷的演講練習；在高鐵上偶遇學畫畫的帥哥，想到小時候深愛卻沒堅持學下去的繪畫；看到人工智慧產業薪水高漲，想到自己曾經因為畏懼困難而放棄的電腦專業……

生活就像戲劇的一幕幕場景，串聯起一個又一個故事。我們聽到別人的故事，看到別人完成了我們未能實現的心願，特別容易受到刺激。在綜藝節目看到明星們住的房子寬敞明亮，而當時觀看節目的我，卻坐在光線陰暗的出租屋內，透過螢幕欣賞別人的幸福生活。我深深受到刺激，下定決心開啟自己的持續行動之旅，改變現狀。

生活就像小河流水，而刺激就是往河裡投擲的石子。石子激起漣漪，漣漪散開後很快就消失，水面又恢復平靜。石子被流水沖走，零散的沉到河底。石子日積月累，堵塞河道，抬高水位，形成堰塞湖。水位不斷抬升，最終導致洪水傾瀉而下。生活中遇到的事情，就是一個又一個刺激，有的很快被忘卻，有的深埋在心中。刺激不斷累積，小刺激長成大刺激，直到某一天，突然某個關鍵刺激出現，將會喚醒我們所有沉睡的記憶——可能是一個重大的決定，可能是內心絕望的呼喊，可能是最後的奮力一搏，可能是逃命狂奔。那瞬間，我們的渴望如此強烈，猶如窒息時渴求空氣一般。

既然小刺激的累積最終可以產生如此強大的力量，那麼是不是只要等待關鍵時刻出現就好，剩下的改變自會順理成章？我問自己，如果當時沒有受到綜藝節目的刺激，會開始持續行動改變生活嗎？結論是，如果錯過了那次機會，我並不知道下一次會是什麼時候。

誠然，沒有綜藝節目的刺激可以有相親節目的刺激，刺激不斷積攢，終有一天，臨門一腳，從此改變人生。但是我們並不知道臨界點什麼時候會出現。我們甚至不應該抱著期待：萬一積攢了一輩子也沒有存到關鍵刺激，怎麼辦？生命有限，時間不容荒廢，等待一件遙遙無期的事情，猶如在黑夜行走，看不清前進的方向。我們不能做命運的奴隸，不能只依賴關鍵刺激才下決心，不能被外界支配行動方向。萬一我們沒有那麼幸運，沒遇到改變一生的大轉折、大事件、大刺激，那豈不像溫水中的青蛙，放棄掙扎，不慍不火的結束此生？

一個閒暇的週末，我在自己的小破屋中，百無聊賴的看了節目，意外獲得了一些啟發。這個關鍵刺激，指引我最終走上持續寫作的道路。如果沒有這些影響，我現在會變成什麼樣的人，簡直不敢想像。進步是複利的，當我們透過行動取得成果時，成果會變成新的現狀，需要再針對新的現狀採取行動，繼而產生新的成果……就像滾雪球，越滾越大。想到這裡，我有點害怕。在平行世界裡，也許我完全不會開始寫作，這本書也根本不可能出版，世間卻要多一個焦慮的身影。

我們不能光靠刺激做事，萬一遲遲沒有刺激，一直等待只會延誤時機，不僅浪費大好青春年華，更會錯失為成長提供助力的時代浪潮。與時代浪潮擦肩而過，原地踏步，無法成為人生的主角。目睹別人的成長故事，只能為別人按讚，這樣我們又要受刺激了。我們要嘛被別人刺激，要嘛活出自己的故事，刺激別人。這是成長的戰場，沒有可後退的中間地帶。

生活中，每時每刻都有事情刺激大腦，我們無處可逃。但是我們能選擇如何處理這些刺激，甚至賦予它們不同的意義，這是對生存智慧的考驗，是挑戰大腦和心智的遊戲。雖然我們無法完全掌控、預測外界的事，但不應該被外來刺激束縛，任由外界影響自己的情緒。

然而，「受到刺激—開始行動」的行為模式，已經深刻的印在腦海裡，以至於僅知曉「我們應該」和「我們不應該」，並不能真正獲得持續行動的力量。刺激會不停出現，與其等待關鍵刺激主導我們的行動，不如主動製造刺激，將自己引往理想的方向。

如果想開始行動，就不要等待大事發生時才讓自己下定決心。如果想走出壓抑糾結的狀態，就不要指望透過衝動購物、暴飲暴食等行為來改變。這意味著，我們必須從被動接受刺激，變成主動為自己製造刺激，為自己說故事，用自己製造的刺激代替外界環境的刺激。

選擇什麼樣的刺激來影響我們的行動，是每個人需要思考的問題。

若能堅持放棄，就能堅持行動

寫作初學者最喜歡問的問題是：「我要怎麼開始寫作？」在寫了一段時間後，他們經常問的是：「我寫的文章總是被人罵，怎麼辦？」

開始行動的時候，我們內心脆弱，會在意別人的看法，一有風吹草動，就產生情緒波動，容易妥協和放棄。真正的持續行動者知道自己要什麼，不管外界發生什麼，都會把持自我，保持前進的動力。面對同一件事情，我們產生什麼感受，取決於如何歸因。

歸因就是你認為這件事情對你的意義是什麼。你發訊息給小明，小明一直沒回覆，如何歸因將決定你的情緒。如果你想的是「也許小明正在忙沒看到」，就會對自己說「那再等等，不著急」，不太會生氣。如果你想的是「小明這個人怎麼這樣，態度差，人品又不好」，那麼你可能會因為被別人拒絕而生氣。如果這時你看到小明還在臉書發了一則動態，就是沒回訊息，那你又會怎麼歸因呢？你可以覺得是小明故意無視你，也可以認為小明的確沒看到，或者出於某種原因沒來得及回覆。

不同的歸因方式，是從不同的角度看問題。我們可以把事情歸因到人的內在特質，比如小明就是這樣的人；也可以歸因到外部情境，比如小明可能遇到一些突發狀況；可以歸因到個例，比如小明這樣做不代表所有人都會這樣；也可以歸因到全體，比如男人都這樣。

在面對外界刺激時，我們管理好歸因方式，就擁有了科學化合理解釋事情的能力，這也是我們和其他動物的本質區別之一。只要能主動發現看問題的不同角度，就可以為事情賦予不同的意義。這樣一來，情緒就不會被外界隨意掌控了。乍看，似乎和阿Q精神很像，但是如果我們對一件事情的歸因能讓行動持續，讓心態穩定平和，讓自己在面對挫折與成就時可以處之泰然，這便是最好的生活狀態。

有人在說你壞話

假如你認真寫文章、分享看法，不譁眾取寵，卻遭遇攻擊謾罵，怎麼辦？雖說情形嚴重的攻擊謾罵，可訴諸法律途徑解決，但蚊子飛來飛去，也不可能用大炮打，就把這些當成不同的聲音好了。面對不同的主張或看法，尤其是偏見，我們會有辯解的衝動。人喜歡正面鼓勵的好話，不喜歡負面消極的評價。有人用偏見相待，會激發我們的戰鬥欲。如果照本能指引，與對方針鋒相對，反而會激發對方更投入其中。表面上，我們是在捍衛自己，但實際上，行為已經由別人決定，處於失守狀態。

換一個角度看，事情便有趣很多。每個人的時間和精力都是有限的，每做一件事，就意味著消耗掉一部分的生命力。時間就是我們的財產，花時間做事，就是用錢投票。錢花在哪裡，價值就在哪裡。在網路上遭受非議或攻擊時不用害怕，有人願意為你消耗自己的生命，這簡直是真愛的表現。如果遇到有人花錢買網軍對你網路暴力，那更表示你已經重要到讓對方不惜重金行賞了。

如果你被他人的評論帶動，失去控制、奮起反擊，這是受制於人的表現。有人在你文章的評論區留言，就像把球丟給你，主動權在你手中，你可以選擇是否回應。而回應不應該由荷爾蒙驅動，在動手前至少要經過腦子，想想對方是否值得你這樣做。

持續行動是一件非常難的事情。所以當你遇到攻擊的時候，要知道這些攻擊不會長久。持續行動者的優勢是持續力，不應畏懼轉瞬即逝的事情。對於轉瞬即逝的事，時間就是它們的剋星。哪怕你不做任何回應，時間一長，那些攻擊自然會消失。假如有人三番兩次、連篇洗版式的攻擊你呢？堅持做一件事是很難的，如果有人能做到堅持攻擊你，他就變成持續行動者了。如果你也是持續行動者，那麼你們屬於同一種人，都在做著持續行動的事情，既然是自己人，那一切都好說。

嘿，兄弟！聽說你在攻擊我，我需要做些什麼配合你的工作嗎？同樣都是在採取行動，為什麼你能堅持這麼久，是怎麼做到的？我堅持寫作，你堅持抹黑我，可以跟我分享一下持續行動的經驗嗎？別說堅持寫作了，有人連堅持看我的文章都做不到，你能堅持罵我，真是太難能可貴了。

其實，我們不用害怕網路攻擊。首先，這些攻擊大多不持久。如果你哪天真正遇到持續的攻擊，那麼一定要認識那個人。這世上的持續行動者並沒有那麼多，棋逢對手時要好好珍惜。其次，我們永遠是自己世界的主導者。不管做什麼，總會有人不喜歡。既然如此，你能做的就是先喜歡自己，自己捍衛自己，這樣，在這世界上就會多一個喜歡你的人。

當真正面對這些問題的時候，我們面臨的考驗其實比想像還要大。只是大部分人不會受到外界的關注，所以沒有機會感受到這種考驗。你可以想想，網路上為什麼沒有人罵你？因為沒人知道你。倘若真的遇到外界的刺激，身體的本能會告訴我們：「攻擊來了！做好戰鬥準備！」網路評論往往不會直接帶來身體的傷害，但是我們的大腦還是保存了原始的求生本能，而本能反應可能會讓我們感受到精神傷害。不過，如果能在認知上達到免疫，就可以把這些傷害降到最低。

升級本能，為成長提供動力

成長讓我們在本能之上加一層新的反應，代替原有的反應，為本能做了一次升級。我們經由理智訓練得到新的反應，更符合當下的生存環境，更有價值。但是，「修改」大腦回路的難度非常大，我們總是放棄，然後回到原有的軌道上。放棄後發現情況不對，又重新開始修改大腦回路，從而陷入反反覆覆的拉鋸戰。

這過程給我們啟發。我們想持續做一些事情，卻總半途而廢，這真是讓人難以接受。但是換一個角度就會發現，雖然事情中斷，但是放棄的舉動卻是持續的。如果你認為自己做任何事情都半途而廢，那麼請不要忘記，你在半途而廢方面是持續的。

所以我們並非一無是處，至少我們對「半途而廢」從來都「半途不廢」，至少我們對放棄從來沒有放棄，我們對中斷從來沒有中斷。黑夜黑透了，星星便有了光芒。

你看，我們本身就具有持續行動的基因。這些堅持的行為一直持續存在，只是我們從來沒有發現和利用它們。能不能變廢為寶呢？有沒有可能利用這些反覆放棄的經驗，從中提取充滿智慧的點子，改善我們的行動呢？

人類最早發現火的時候充滿恐懼，甚至把火奉為神靈。最終人類駕馭了火，用來取暖、烹飪、驅趕兇猛的動物。即使現在火災依然會造成生命傷害，但是當我們學會了如何使用火，就能與火和平共處，點燃文明之光。用電和用火是同樣的道理，我們日常生活都要使用電器，但卻看不到電的樣子。觸電會造成人身傷亡，但是透過合理安全的設計，建立電網，採用絕緣設備，我們用電造福了自己。

在成長過程中遇到困難，就像人類在演化過程中遇到火與電。人類為了進化，適應了億萬年前的生存環境，克服了對火的恐懼，轉為己用；掌握了電的原理，為自己帶來光明。到今天，仍然有一些捉摸不透的事，像曾經的火與電一樣，影響我們的情緒，讓我們忍受成長的痛苦。如果要改變，卻又不能持續行動，那麼未來將無處安放。我們應該學習人類改造火與電的思路，為成長和進步提供動力。

怎樣讓火與電變得乖巧不失控？這是需要努力破解的，是關乎成長的技術。我們需要了解客觀規律，從中獲得持續穩定的能量。就像第一次工業革命時期蒸汽機的出現，為工業化大量生產與資本主義的發展提供穩定的動力。每個人都應該在成長路上找到利用原始能量的方式，誰先掌握了先進的技術，獲得持續穩定的動力，誰就能在成長演化過程中獲得更大的競爭優勢。

你可能會問怎樣才能快速獲得破解能力？有沒有什麼訣竅？這個問題其實和問怎麼才能迅速在信義區買房是一樣的道理。不是聽到一個道理，覺得自己懂了，人就會馬上產生變化。從原始、不穩定的能量，到穩定、可靠的動力，這是一場技術的升級。而技術的發展，也需要以年為單位的演進時間。同樣，從受制於情緒波動到良好的狀態管理，需要我們升級認知，靠持續行動去體會、發現、感知方向在哪裡，這也不是在短期內能見效的事。這是一生的課程。

不過我確信，既然我們能持續放棄，就一定能持續行動。就憑這條信念，便足以穿越持續行動的牛態週期。

每個人的時間都不夠、都太快

當我們開始行動的時候，最大的困難並非來自所做的事情，而是環境的干擾：下班太晚、通勤時間太長、心情不好、狀態不佳、身體不適、朋友聚會、考試逼近、網路購物停不下來……

每天都在發生不同的事情，產生的干擾也不同，都是「特殊情況」。遇到特殊情況時，很多人的第一反應是，今天情況特殊，沒有時間，計畫和行動暫停一天。無奈命運捉弄人，每天總會有一些特殊情況冒出來，成為不做事的理由。於是我們無法持續行動，節節敗退。

大多數成年人走上社會，就失去了投入大把時間學習的基本條件。而真正有大把時間學習的學生，往往不珍惜青春年華，在讀書期間也沒有太好的成績，畢業以後才搥胸頓足、追悔莫及。隨著年齡增長，我們只感覺時間過得越來越快。

我們的時間永遠不夠用，在這一點人人平等，所以不要指望「等我有時間再……」。當電視劇中出現「等戰爭結束，我就回來娶你」「做完這筆，我們就遠走高飛」這些台詞時，我們就知道主角立了一個死亡標杆。

不要指望「辭職後」「退休後」能騰出時間做一些事情，這是不現實的。很多人選擇辭職考研究所，認為這樣做成功機率高，其實未必。當你有工作的時候，會認為最缺的就是時間。但是當你真正什麼都不做，有了大把時間專門做一件事的時候，會發現總有雜事填滿原本工作所占據的位置，分解你的大把時間。

先從一小時開始存起

人對自己的情緒和狀態經常判斷不精準，往往高估自己。很多大一學生放寒假回家時會塞滿一箱書，指望自己能讀完，最後發現一本都沒翻開。我曾經也幹過這樣的蠢事，所以現在直接把父母接來我家過年。

如果想持續做一件事，先不要有太多宏大的設想，因為你的判斷很可能失焦。先從每天鎖定一小時開始比較可靠。即使再忙的人，每天也能騰出一小時做事，我不相信有人連這一點都做不到。只要確保在這一小時內，沒有人打擾你就好。一個人獨處做該做的事情，這是改變的開始。

最簡單騰出一小時的辦法，就是把使用手機的時間砍掉。一般來說，直接砍掉使用手機的時間難度很大。如果強制自己不玩手機，就會開始玩其他電子產品，比如iPad。所以我們要找到一個可以替代玩電子產品的好習慣，投入其中，從而擠掉原有的壞習慣。戒除過度使用手機的習慣，就像戀人分手，一時會引發情緒的山崩海嘯。而這種用「新歡」代替「舊愛」的做法可以很快的平復情緒。

最有效的方案其實是採用掐頭去尾的方法——從一天中擠出一小時。

早起，比以前提早一小時起床。趁家人還在休息，你能做點事情。

晚睡，比以前睡得更晚，這樣可以在夜深人靜的時候，獲得片刻安寧，繼續做事。

如果城市要發展，是先拆舊市區還是直接規畫新市區？目前一般的操作經驗是，找空地規畫出一片新區，把政府、醫院、學校先搬過去，然後招商入駐，再開發住宅帶動人流聚集。漸漸的，新市區人氣漸漲，舊市區人少又破落，就有機會進行拆遷改造。規畫新地盤的拆遷工作少，畢竟白紙好畫畫。

調整時間也是同樣的道理。你可以先不動原有的習慣，從增加時間下手。說穿了，就是睡眠時間比以前少一點。要嘛早上少睡，要嘛晚上晚睡，早起、熬夜二選一。雖說年輕人不要熬夜，但這是先把時間騰出來的最佳方法，就像在茫茫山林建出一片地，星星之火也是可以燎原的。

有人說：「每天必須睡滿八個小時，少睡一小時都會讓我很難受。」如果你想在不付出任何代價、不做出任何改變的情況下獲得不同的結果，那是不是早就該變得更不一樣了？

每天一小時，就能改變命運軌跡

你要做的是確保每天有一小時不受任何人打擾。好好利用這個時間，就有機會做想做的事情。我從二〇一四年開始寫作，最初是利用下班後的一小時，之後因為晚上有口譯訓練專案，就把一小時計畫調整到早上。每天早起一小時，完成當日的寫作工作，再進入正常的工作與生活。不要小看這一小時的力量，日積月累下來，是非常強大的。甚至可以說，正因為在早上這一小時下的工夫，我累積了新的知識和技能，從而打開新世界的大門，改變了自己的命運軌跡。

當你能好好利用這一小時就會發現，因為要提早起床，晚上變得較早睡，不容易失眠了；由於起得早，上午時間被拉長，進而一天的工作產量提高了。當你起床後發現整個城市還在睡眠中，會有一種微妙的興奮感，有助於保持一天的好心情。

每天鎖定一小時，持續做一件事，一段時間之後，無須任何人教，自然會有新的想法產生。上癮後，你會發現時間不夠用，開始主動思考如何把生活中被其他事情占據的時間騰出來，便能感受到時間管理的奧妙。剛開始，周圍的人可能會投以懷疑的目光，但當你持續做下去，他們的態度會逐漸產生轉變，開始佩服你、甚至向你學習，你慢慢會變成朋友裡有影響力的人。你的孩子剛開始不愛讀書，但是發現你一直在學習，也變得更聽話並以你為榜樣開始認真，還會反過來提醒你要做功課，如此家庭關係也更密切了……

案例：透過持續讀書，改變生活狀態

我在辦讀書會時就應用了「每天一小時」的原理。以目前最受歡迎的一次活動——心理學主題閱讀為例，我選擇的是《心理學與生活》《社會心理學》這種大部頭著作（一本書將近七百頁）。開始時大家也很緊張，擔心閱讀難度高，會占用很多時間。於是我說，每天只要花一小時就能做完。聽到這裡，很多成員放寬了心。

一開始，我也的確是按照一小時的任務來規畫，大家也讀得很開心並有所收穫。但是我還做了一件事情——緩慢增加讀書任務的思考深度與難度。這樣一來，成員必然得花費更多的時間。但是前期大家已經嘗到掌握心理學知識並運用在生活中的甜頭，比如有人用這些知識找到超出預期的好工作。於是大家沒有對我增加難度的行為有任何不好的回饋。甚至有成員喜歡上這些書，開始主動安排更多的時間閱讀。

最後，有人為了讀書，自發養成了早起的習慣，比如正在創業的一名成員，早上四點就起床讀書，比家裡上國中的女兒還要勤奮。讀書任務重的時候，自然就不滑手機了。還有成員在家裡讀書時，家人以為他中邪了，但是在連續讀了兩個月後，家人也被影響，開始一起讀書。

這一切變化都源於用一個讀書的好習慣代替原有的壞習慣。把好的方面做強，不好的方面自然就沒有生存空間。而這一切都只是從「每天鎖定一小時」開始。

只要你持續做一件事，在行動中慢慢感受變化，就能體會到什麼叫想法從腦海中慢慢長出來。透過每天鎖定一小時做一件事情，就像打開了一個新的世界。不過在看到這個新世界之前，我用再多言語描述都顯得蒼白，畢竟只有透過持續行動感受到的才最有力量。要不從今天開始，從你看到這段文字的時候開始試試看呢？

當一個人主動索求的時候，就是開始飛躍、成長的時候。持續行動，每天鎖定一小時，你將為夢想插上有力的翅膀。

全面開始意味著全面崩潰

我們的行動欲望在什麼時候最旺盛？新年初始。我們打開嶄新的手帳，立下新的決心，憧憬在新的一年實現大改變。

每到新年，我會啟動新的社團活動。社團活動分為很多小組，大家圍繞不同主題（有讀書、聽力、筆譯、口譯、朗讀，還有程式設計、資料分析、運動等）展開持續行動的訓練，見證自己「持續開始－持續放棄」的行為模式。成員可以自行選擇加入，但每一年我都告誡新成員，不要一次加入太多小組，先選擇一個就好，然後慢慢增加，因為全面開始可能意味著全面崩潰。千萬不能只想當下，還要想到三個月後、半年後、一年後，我們能不能堅持做這件事情。

如果善於傾聽，那麼人類文明的發展進程會快更多。大家紛紛摩拳擦掌，加入各種小組，開始自己的持續行動之旅，有人一口氣加入四、五個小組，儼然一副要賺回學費的架勢。

但是我對小組的要求非常嚴格，每天不僅有任務要做，還有作業要完成。沒有按時完成作業的成員會被剔除。如果你想回來，還要交一千字的申請書，這樣門檻就很高了。如果你要留在小組，就必須持續不斷的完成一件事。不到兩個星期，第一批人敗下陣來；三個月之後，每個小組如果能有一半的人留下，就已經非常不錯了。

到年終時，我請大家提交總結報告。大多數人的第一個經驗教訓都是，開始行動時不要貪多，不要高估自己。才發現我最開始的告誡是對的。

欲望多了不行，少了也不行

持續行動者最怕兩件事，第一是沒有欲望，第二是欲望過剩。沒欲望的人往往缺乏做事的動力，得過且過，渾渾噩噩，你看不到他眼睛有閃亮的光。沒有欲望，生活自然不會改變。如果沒有欲望、不想做事是無能的苦，那想做的事情太多就是欲望過剩、躁動的苦。毫無章法的堆砌任務，列計畫時完全不考慮執行能力、時間資源和可行性，以為只要寫下來就能改變，這是很荒謬的。

有時候，把想做的事情寫在紙上會產生副作用。大腦很擅長構建新的意義，你一邊寫一邊幻想完成目標後的樣子，提前體驗到成就感，不禁嘴角上揚。太美好了，不如再多寫幾個吧！感覺到位，理智退場，我們寫下更多的計畫，獲得更強烈的感受，於是越寫越多，欲望越來越強，卻忘記評估自己能完成多少。

想起我在制訂二〇一三年新年計畫時，決定每天都要運動。我列印出每日運動計畫的表格貼在牆上，想像自己成為一個運動達人，光用想的就很開心。既然愛運動，又怎能不愛讀書呢？第二個目標來了，我應該要讀三十本書。這樣一來，我覺得自己是個非常愛學習的人，心情更舒暢了。既然都說要讀書了，是不是應該把英語也練好，那就在計畫裡加上外語學習吧，三天閱讀一篇文章。慢慢的，我的新年計畫完美呈現了德、智、體全面發展的趨勢。原來只打算計畫一件事情，結果越寫越多，列了一籮筐。很多人在網路購物時，本來只打算買一雙手套，結果下單了毛衣、帽子和四件外套。兩種情況何其相似。

二〇一三年早已遠去，那一年我的計畫完成了嗎？沒有！計畫持續了兩個月，就宣告中斷了。讀書和外語學習，不到一個月就放棄了。我發現真正開始做這些事情的時候，全然沒有剛訂完計畫，期待開始行動時的欣喜。相反的，繁重的任務讓我有知難而退的心理，而那些行動中的細節令我感到枯燥無聊，結果就放棄了。

更致命的在於，我根本沒有計算過一年讀三十本書，意味著十二天得讀完一本；如果一本書兩百四十頁，等於一天要讀二十頁；如果用一小時計算，大概三分鐘讀一頁。如果三天要完成一篇外文的閱讀，那每天至少得花半小時精讀、寫筆記。開始行動後我才發現，自己每天根本沒有心思讀二十頁的書。那時我心浮氣躁，才看幾行就想快速知道那本書在講什麼，根本無暇顧及作者的邏輯推論與案例分析。我也沒辦法每天花半小時學習英語，一旦要查單詞、分析文章大意、寫筆記，就開始問自己這樣做的意義在哪裡。

後來才明白，我只想要一個「我愛讀書」的標籤，或說只想在別人眼裡呈現我愛學習的「人設」（人物設定），卻不願意投入時間。我只想擁有「我有英文閱讀習慣」的自我評價，卻沒勇氣成為這樣的人。當時的我不想投入時間，卻想得到結果，不想付出努力，卻想體驗成功的感覺。

這是一種不勞而獲的想法，背離了客觀世界的規律，自然無法得到好結果。唯一值得慶幸的是，那時還沒有知識付費，沒有廣泛流行的快速閱讀，也沒有人跳出來幫我讀書。否則，處在閱讀困難的關頭，我絕對不會設法迎難而上，克服困難，而是順著桿子往下滑，看了幾頁不想看就去聽別人解讀了。然後，我可能還會因為在個人提升方面花錢投資而沾沾自喜。一旦習慣不親自讀一本書，在第一時間聽別人講解、看別人整理好的重點，就會慢慢失去直接加工原始素材的能力。這種認知習慣一旦養成，就很難被扭轉，畢竟克服困難是很累的事情。除非有人告訴我必須用持續行動的方式突破困境，否則真不知道用什麼辦法矯正已經養成的壞習慣。

那是二〇一三年的我，現在想起來還是有點驚心。而改變是在什麼時候出現的呢？二〇一三年我壓抑了一年，感覺無力又頹廢，到年底才漸漸想明白，與其一次做多件事，不如全力以赴只做一件事。沒有比只做一件事情更少的選擇了，困難和阻力也沒那麼大。如果我只把一件事放在第一優先順序，那麼勝算應該很大，也容易堅持下來。如果連一件事都做不好，就別再追求進步，甘於平庸好了。

先做減法，才能做加法

如果只做一件事情，要做哪一件呢？這件事最好有一定難度，因為目標太容易實現會讓人覺得無聊，但又要方便檢驗成果，而且最好做起來沒有很多限制條件，於是我想到寫作。只要有紙和筆就能寫作，用電腦更方便。長期看社群網站上朋友們發布的文章內容，讓我受制於一種碎片化的思考方式。雖然已經拿到碩士學位，也寫過不少論文，但要讓我就某個社會議題寫出一篇有條理、邏輯清晰的長文，確實很費勁。如果逼自己一把，全力以赴，說不定能完成。而且文章寫出來與否容易檢驗，加上字數的要求，更是無法造假。

於是，寫文章變成當時的最佳選擇。當我想到要每天做這件事時，整個人都興奮起來，充滿了戰鬥欲。不過有鑑於之前的教訓，我克制了自己的衝動，堅決不安排更多事情。我也預計會遇到一些困難，不過相信自己可以克服。最差的情況是就算不睡覺，也要把一篇文章寫出來，這樣就能確保底線不會被突破。實踐證明，開始做一件事，是我收穫個人成長的革命性決定。

每天只寫一篇文章，是可以完成的。持續的時間一長，寫作者也能更快掌控寫作的節奏。時間就像農地，種了菜，雜草生長的空間自然少了；你認真做事時，看臉書、IG的時間就被擠掉了。等做好一件事情，再開始做第二件事、第三件事。於是二〇一四年一整年，我還完成了口譯訓練、機器學習課程，開始辦社團活動，同時堅持運動，一切安排得井井有條。到二〇一四年年底，我超額完成了二〇一三年的目標。

現在，口譯已經是我們社團的特色項目，我們建立了「從英語初階到同步翻譯」的整套訓練系統。那時學到的機器學習理論，也在工作中發揮了重要作用，甚至幫助我趕上人工智慧的浪潮，也因為在這方面的工作獲得了一些國內外的獎項。而開社團這件事，也讓很多人的生活產生變化。社團夥伴的支持，讓我的第一本書獲得不錯的市場表現，成為一名暢銷書作家。

回望二〇一四年，我發現全是非常有趣的體驗。我最終完成了很多事情，但都是從一件事起步的。最終超額完成任務，卻是從克制欲望開始。計畫的少，完成的反而多。雖然過程看上去很緩慢，成果也不多，但是完成一件事所獲得的激勵，要強於在好幾件事情上半途而廢的挫敗。前者鼓勵我們繼續前進，後者讓我們垂頭喪氣。如果一個人沒有強大的內心，很可能一遇到挫折，就放棄目標不再繼續了。

我們也許想同時做很多事，想活成網路上看到的榜樣。但是如果欲望肆意膨脹，條件和個人能力沒跟上，反而得不到想要的。如果克制住膨脹的野心，消除不切實際的幻想，從一件小事開始做起，把持續行動的基本功打好，日積月累，你的執行能力不斷增強、協調管理本領不斷提高，反而有助於逐次完成更多的事情。

如果你拚命做加法，微弱的行動力會在欲望的膨脹中被稀釋；但是反向操作做減法，從一件事情開始，把有限的力量聚攏起來，從單點突破，反而會有意想不到的效果。不過，只計畫做一件事，不是讓大家少做事，而是在開始行動的時候選擇一個切入點，不要在條件不允許的情況下全面開工。

全面開工可能意味著全面崩潰，如果我們的能力還沒有那麼強，不妨一步步慢慢來，時間會為我們助攻。

持續行動讓感知更精準

有人會說，我的確想做很多事情，但是無法捨棄其中任何一件，怎麼辦？

我不禁想問，你既然想做很多事，怎麼沒見你以前做過任何一件？為什麼在一開始的時候，非要同時執行那麼多計畫呢？這就是高估自己的鮮活例子。

還有一種心態就是，我只不過沒有努力，否則絕對可以風行天下。這何嘗不是一種幻覺。只在腦袋裡琢磨盤算，不在現實中努力實踐，出現認知偏差是必然的結果。一旦回到真實世界裡，幻想者就會被搧一記響亮的耳光。

還有人問，如果只做一件事，什麼時候開始做第二件？應該如何判斷這個時間點？如果把事情做得很到位，新想法出現的時候，你自然就知道了。這是不是有點像玄學？但改變不就是漸漸發生的嗎？再用生活常識打個比方。關於什麼時候應該上廁所，需要有人給你明確的指示嗎？無須他人提醒，你自然就會知道。

我家附近有個賣糖炒栗子的店鋪，賣栗子的師傅有個絕活——徒手稱重。你要買幾斤栗子，他只要用鏟子鏟一下就知道，最多差一粒。由於稱重一步到位，師傅招呼客人的速度非常快，加上技能極具觀賞性，所以生意爆好，買栗子的顧客絡繹不絕。我問師傅是怎麼做到的，他笑著說：「我幹了二十年，天天看天天練。」我問：「你是如何做到熱愛這件事的？」師傅答道：「我有三棟房子。」

我對自己的體重數字都沒概念，更不用說栗子。大多數人對重量的感知沒有精準到一個栗子的誤差等級，而賣栗子的師傅對重量的感知能力至少比我們強百倍以上。核心的原因還是我們練得少。練得少，感覺就不準；認知出現偏差，看問題就不準。

持續行動就能準確判斷

持續行動能幫助我們建立對時間和行動的精準認知。一本三百頁的英文單字書，你需要花多長時間背完？讀完《資本論》要多長時間？如果考慮到過程中因情緒變化或意外事件導致中斷，又要多長時間才能完成？你在開始行動前，是否已經心中有數？還是以為只要寫下計畫，前方就充滿希望？

很多人在制訂新年計畫時，對於做一件事情要花多長時間、消耗多少精力完全沒有概念。匆匆寫下新年心願，完全不考慮做這些事情需要付出多少代價，這樣的我們和古代不知柴米油鹽的大戶少爺並無二致——飯來張口、茶來伸手，還天真的問「何不食肉糜」。大戶人家的少爺若恰逢家族鼎旺，衣食無憂度過一生也是幸事；倘若趕上家道中落，而少爺業已成年，家族卻無力再負擔原有的優渥生活，他不得不回歸樸素生活，那越到晚年越清苦。

當你清楚自己的執行能力有多強時，就可以有條理的制訂計畫，而不是胡亂安排任務。這就像知道自己買不起房子，就不會亂簽房地契約。同時，你也知道自己花多長時間能走多遠。速度確定了，乘以時間就是距離。如果計畫都能如期完成，那麼在持續行動中獲得的正面回饋就能不斷累積，正面刺激會擠掉負面刺激的生存空間。持續行動就像為你的內心大掃除，心態、自我認知、行動力都會隨之發生變化。

我在帶著社團成員讀《資本論》的時候，就採用了這樣的方法。我們並沒有很強的政治經濟學背景，唯一擁有的就是持續做一件事情的能力。即使面對有難度的閱讀資料也不怕，哪怕走慢一點，只要不放棄就好。因為我知道，《資本論》的頁數是有限的，而我只要堅持每天認真讀，遲早能看完。

三卷的《資本論》有近二千七百頁，我算了一下，根據章節主題閱讀難度的不同，每天閱讀一個小時，每小時閱讀二十到三十頁比較合適。如果以二十五頁為均值，預計一百天能讀完。如果考慮複習的時間，預計一百一十天（也就是三個多月）能讀完。最終結果表明，我們從二〇一八年一月開始，每天早上讀一點，持續行動，花了三個半月的時間，完成了閱讀計畫，與預期一致。

像《資本論》這樣的大部頭，內容晦澀難懂，因此很多人讀不下去，中途放棄的人不在少數。好在我們過去幾年有持續行動的訓練，打下了良好的基礎，社團成員的行動忍耐力普遍增強。以讀書會為例，在我們開始閱讀《資本論》的第一天，有三百人參加並提交筆記，活動期間定期清理不行動的成員，經過多次淘汰，讀完時剩下一百五十人。在讀書期間，我們每天完成的筆記累計了十萬字左右。整場活動下來，所有成員的筆記累計突破一千萬字。

字數也許不能說明什麼，但是經過這場持續行動的戰役，很多同學的自信心大大提升。儘管很多人不能完全理解《資本論》的所有觀點，甚至連滾帶爬才趕到終點，但是有了這段寶貴的持續行動體驗，達成一項行動成就之後，再閱讀其他大部頭，也完全不在話下。還有很多成員說，讀完《資本論》就不再害怕專業資格考試了。

持續行動的好處就是，你能對自己的行動力有精準的判斷，能非常清晰的規畫出未來的成長路線圖。這些「看得準」的能力需要長期訓練。如果我不是從二〇一四年開始持續行動，從寫作開始練習，如果沒有從二〇一七年開始持續每天讀書，那麼也無法在二〇一八年初就挑戰如此有難度的閱讀項目。

做計畫和花錢買東西不一樣——我們很容易知道自己有多少錢，卻不太容易看到自己能做多少事。對自身能力的精準感知，需要長期練習。如果你看得精準，規畫得好，不少做事也不多做事，最終便能達到隨心所欲而不逾矩。

天下大事必作於細。從一件事情開始慢慢啟動持續計畫，不要著急，不要被欲望要脅，不要被情緒操控。打鐵沒樣，邊打邊像，你要在行動的過程中培養自己的判斷能力。以後讀一本書時，根據個人能力就能準確計算出多久能看完；準備考試時，根據題目的難度就知道自己要花多少時間備考。一旦計算準確，馬上就能知道自己應該做什麼、不應該做什麼，也就沒有焦慮的煩惱了。

言行一致，說到做到。只有這樣，才能大大提升人生的幸福感。

持續行動，一定要每天做

提到持續行動，很多人最關心的是：是不是每天都要做某件事情？

日日更新的各種社群帳號興起，培養了讀者的手機閱讀習慣。大多數的帳號一天只更新一次，即使是最勤奮的寫作者，也只能做到按日更新。而寫作初學者到底要不要日日更新，是一個備受爭議的話題。

反對者認為，日日更新會讓寫作者短視。寫作者每天必須尋找新的話題，如果無話可說，就會為賦新詞強說愁，導致文章品質下降。如果以閱讀量為驅動力，為了吸引關注，寫作者更容易做出短視近利的行為。反對者還認為，日日更新超出了寫作初學者的能力範圍，強迫執行會起反作用，不如認真多花時間，寫好一篇文章。

也有一部分人鼓勵寫作者日日更新。他們認為這是保持和讀者頻繁互動的有效手段。天天有新文章，就能與讀者維持固定節奏的接觸。每一次更新文章都會增加印象。

兩種說法都有道理，但是從持續行動的角度來看，剛開始做一件事情的時候，保持每天行動最有利於成長和進步。前文已經說過，行動量不夠的時候，我們對時間和行動量的感知就不準確。怎麼建立最基礎的衡量尺度呢？就是透過每天在一件事情上的持續訓練。

每天做才能讓感知更敏銳

我們以天為基本單位，透過持續行動，建立對時間的感知。二〇一四年我開始寫作，要求自己在工作之餘每天寫一篇文章，生活變得異常忙碌。家人擔心這樣太辛苦，叫我不必每天寫，兩天寫一篇就好。鑒於行動中斷的慘痛教訓，我對間隔幾天做一件事的想法十分警惕。

我知道，如果不要求自己每天行動，而是隔一天寫一篇文章，那麼在不寫作的那一天，對時間是沒有感覺的。沒有感覺的時候，也是感覺最不準確的時候。每逢三節或春節長假結束時，我們最強烈的體會是，怎麼假期這麼快就結束了。在假期中我們的作息被打亂，基本的時間認知也變得模糊，對時間的感知就會不準確。隔一天寫一篇，還得花精力區分當天要不要寫，而且萬一記錯了，就變成三天寫一篇。一不留神，再變成五天寫一篇。然後一犯懶，就會變成一週寫一篇，慢慢變成半個月一篇，最後寫作這件事情就會不了了之。原則一旦被破壞，計畫很快就崩塌了。

換一個角度來看，如果以日出日落為界、以地球自轉為期，只要晝夜變換一次，我就寫一篇，那麼就不用去計算這一篇和上一篇、這一次行動和上一次行動間隔了多長時間。我每天都要睡覺，每天都得醒來，要嘛醒來馬上寫，要嘛寫完趕緊睡，只要緊扣自然的作息節奏，持續行動的成功率就大幅提升了。事實證明，以天為單位要求自己，一旦保持行動節奏，就非常容易持續下去。

後來，我接觸到各領域的優秀人物，和他們聊到最核心的專業能力時，才得知原來大家都經歷過一段苦行僧似的練習歲月。比如暢銷書作家李尚龍，曾經在讀軍校期間，每天把自己關在教室裡練英文，之後他成為英語名師，然後轉型成作家和導演。

每天行動並不難

每天保持高速巡航狀態，並沒有我們想像的那麼辛苦。飛機在起飛和降落時的風險係數最高，飛行時的風險反而最小。在持續行動的過程中，如果中途懈怠放縱，要重新找回行動的節奏，難度就大了。

我們可以回想自己上學時的經驗。上課時沒聽懂老師的講解，也沒在課後及時消化新知，當第二天老師講解的知識需要用到前一天的概念，於是又一次沒聽懂。日積月累，題目不會做，考試考不好，心理壓力增加，導致你不喜歡這門課，從此陷入惡性循環。

假如平時能夠跟上老師的上課節奏，甚至超前複習，就比較容易獲得良好的學習體驗，這樣成績會更好，學習也會更積極，從而形成良性迴圈。回顧求學生涯，我們的學業成果其實也是由每一階段的成果累積起來的。正面的情緒積少成多，負面的情緒同樣也能積少成多。

每天行動應該是持續行動者的共識，如果不能每天行動，談不上是持續行動者。可是很多人在日常生活中的行動力太差，當他聽到要每天做一件事時，便汗毛直豎，腎上腺素加速分泌，整個人緊張起來，覺得被賦予一件沒完沒了的事情，壓力很大。

這時就是升級認知、打開視野的最佳機會。你有沒有想過人生還有很長的時間，不僅得活著，而且還要活很久，但你卻不會感到壓抑，相反的，應該用憧憬去填充未來，然後逐一實現。

搞定三天，就能搞定每一天

並不需要因為太長遠的事情而感到焦慮，就像我們根本不會因為要持續呼吸一輩子而感到焦慮。只要把注意力放在三天——今天、明天和後天。

今天是什麼任務，能不能完成？

明天要做什麼，能不能安排出時間？

後天會不會有突發事件，我能不能成功應對？

先把這三天的事情安排好，然後慢慢展開剩下的任務。只要專注於要做的事，把任務完成，就會發現時間過得很快，任務完成得也很多。

在我辦讀書會時，每天會提出一些問題請大家回答。雖然問題不多，但我請大家每天都要回答，寫下自己的答案，再看看別人的想法，對比總結一下。讀完一本書有時候花兩週，有時候要一個月，大家每天整理自己的答題記錄，在不知不覺中就寫了好幾萬字。而我每天提的問題累積下來也有上萬字。很多人以前從來沒有寫過那麼多字、回答那麼多題目，當他們看到這些成果時，瞬間自信心爆棚。如果一開始就讓所有成員寫十萬字的讀書筆記，大多數人都會跳起來說：「我做不到！」

如果把問題變成每天點點滴滴的行動，那麼當一個人發現自己竟然也可以透過持續行動做到自己從未做到的事情時，將是多麼美好的體驗。只不過一直以來，我們缺少的正是這種行動體驗帶來的確定感、自信心和安全感。

我們會自卑、猶豫，害怕投入，企圖尋求捷徑，這些都是缺乏行動力的表現。我們在做一件事的初始階段就害怕得不到結果，因為擔心失敗或感覺沒希望，就停下了嘗試的腳步。而想成長進步，一定要接受一個真相——哪怕做了很多事，也未必馬上能得到想要的結果。

從持續行動的角度來看，如果這件事本身是正確的話，只管去做就好，現在沒有結果，不代表以後不會有結果。

死守底線不放鬆，抓住機會多升級

持續每天做一件事情的關鍵前提是合理安排任務，考慮時間消耗，以充分應對每天可能發生的緊急情況。採用「底線思維」是個不錯的方法。問問自己：在最繁忙的時候，我能騰出多少時間？能完成多少任務？回答時，請理性、心平氣和的評估自己每天能完成的最少事項。一旦確定完成量，請將其變成每天必須死守的底線。

我們都很忙，但是不管多忙，每天都要騰出時間吃飯；不管多忙，每天都要呼吸，心臟都要跳動。這些是每天或每時每刻需要做的事情，是我們的生命線，必須守住。

成長進步也有自己的生命線。當我們執行持續行動的計畫時，一定要明確每天無論如何都得完成的「底線任務」。而這項任務，並不一定要占用大把時間，比如只要半小時、一小時就能完成。這樣一來，我們就不會有很大壓力。因為底線一旦確立，剩下的就是堅決執行——無論如何都要完成，哪怕再晚睡半個小時，也要把事情做完。

在完成底線任務的基礎上，可以適當的再設置一些升級任務。升級任務的要求更嚴格，挑戰更大，更消耗時間和精力，但是帶來的收穫也會更多。這樣的話，持續行動就會非常有彈性。如果某一天很忙，身體也很疲憊，那麼在完成底線任務並確保品質合格後，也可以選擇安心睡覺，不必覺得內疚。如果哪一天時間充裕，那麼可以沿著規畫升級的方向，做更多難度稍大的事情。

一個月之後，統計一下在過去三十天內，有多少天只完成了底線任務，有多少天挑戰升級任務。算出持續行動的難度與任務比例，並在後續行動中不斷優化。經過一段時間，當行動能力增強以後，我們可以擴大底線任務的內容，把原有的升級任務納入其中變成底線任務，不斷提高挑戰任務的難度。

如何讓自己持續行動？

以寫作為例，假如你對自己的寫作能力評價很低，剛開始的基礎任務就是每天寫兩百字。即使是一個寫作能力再差的人，每天寫兩百字的難度也不大，再不行就把抱怨自己不會寫作的話轉成文字，任務也能完成。例如，你可以這樣開始：

我是一個寫作能力很差的人，從小就討厭寫作文。在上中學的時候，我只要拿到作文題目，身體就不聽使喚了，考試的時候一直在發抖，大腦一片空白，根本不知道要寫什麼。我的高中老師說：「如果你實在不知道要說什麼，就從考試卷前面的閱讀理解中，抄幾句話，然後改改也可以。」我也這樣做過，但是老師扣了我的分數。我覺得自己沒有什麼想法，也不知道有什麼好的表達方式，只能逼自己把一些零碎的想法羅列出來，當然也沒什麼邏輯可言。哪怕寫兩百字，我也要想半天。

搞定！當你以前從來沒有完成過寫作任務的時候，這兩百字就是開篇訂製。不要有任何懷疑，也不要覺得自己寫得不好，因為你已經走出第一步了。另外，知道自己寫得不好，證明你是個明白人。在此基礎上，可以嘗試設計升級挑戰的任務。

任務一：如果時間充裕，又有想法，寫五百字。

任務二：如果心情特別好，時間也足夠，就寫一千字。

在兩百字的案例中，只寫到自己寫作能力很差的事，那是在寫過去。如果要寫五百字，可以同時把過去和現在都寫下來。比如在前面兩百字的基礎上，再加上三百字：

但是，在閱讀了Scalers老師關於持續寫作的觀點以後，我得到一個很大的啟發——即使我現在不會寫作，但是只要做點什麼事情，以後還是有可能會寫的。如果我一直寫，還是有機會提升的。雖然我覺得自己基礎很差，但是如果連寫都不寫，肯定就只能一直差下去。如果我嘗試每天寫一點，也許可以提高熟練程度。當然也可能我的基礎太差，不好挽救，進步也不明顯。但是這也沒什麼大不了，最差的情況也就是和以前一樣差，我也沒什麼損失。所以我覺得還是可以動手試一下，每天把自己的感想寫出來，雖然可能不會有什麼非凡的見解，但是畢竟它來自自己的生活。如果我一直寫我的生活，我相信應該不會沒有話題寫。那就試試看吧，這就當成是我的第一篇寫作文章。

這一段加上前一段，就可以組成一篇五百字左右的小短文了。如果你正好有空閒，可以嘗試在五百字的基礎上，繼續擴展到一千字。要注意，兩百字的篇幅只夠寫一個小觀點，比如「我覺得自己不會寫作」。五百字能讓你延展兩個小觀點，比如「雖然我不會寫作，但是考慮到持續行動的重要性，我決定開始寫」。如果再擴展到一千字，你可以用這樣的思路繼續寫下去，比如「我決定嘗試寫更多文字，而且現在有三種方式讓寫作內容更豐富」。

經過一個月的行動，就能發現過去一個月，有二十天你每天寫了兩百字，有五天每天寫

難度級別（完成天數）	第1個月	第2個月	第3個月	第4個月	……	第n個月
底線任務：每天200字	20天	15天	10天	5天	……	0天
升級任務：每天500字	5天	10天	10天	15天	……	0天
挑戰任務：每天1000字	5天	5天	10天	10天	……	30天

表1-1 底線任務、升級任務、挑戰任務與難度級別的對應關係

五百字，另外五天每天寫了一千字，這就是起點。下個月就可以增加難度，比如要求自己十五天內每天寫兩百字，十天每天寫五百字，五天每天寫一千字。增加量也不算大，相當於有五天需要每天多寫三百字，一個月則多寫一千五百字而已。

不要小看這一千五百字帶來的變化，你會從中獲得雙重的信心。一個是你完成了設定的任務，言出必行會帶來成就感；另一個是完成量增加的趨勢會帶來很多信心。朝這個方向努力，不用很長時間，也許半年後、也許是三個月後，就可以每天寫一千字了，這取決於在行動中實際感覺到的變化（見表1-1）。

當我們獲得正面回饋時，會傾向於加大投入，加快獲得回饋的速度。這就像看到一支股票持續上漲時，很多人會抱著錢衝進股市。正面回饋是會不斷加強的。

慢慢寫，持續寫，才能快起來

當然，寫作品質的好壞不能完全憑字數判斷。鑒於我們剛剛

起步，字數依然可以作為一個非常有用的指標。但是，很多人不是循序漸進的操作，而是反其道而行。

曾經有位讀者訂了一個三十天、每天寫兩千字的計畫，該讀者之前沒有任何寫作習慣。一般三十天的計畫在執行者充滿激情的情況下是能實現的，但是你平時根本沒有寫作習慣，也不經常思考問題，強迫自己開頭就寫兩千字，就像唱歌時把音調升高，十分為難。

我看著這位朋友每篇文章品質的變化，就能明顯感到他心有餘而力不足。第一週的文章還有點見地，行文認真，結構清晰。到了半個月後，開始出現濫竽充數的痕跡。文章開頭是一堆碎念，用來發洩負面情緒，用符號充字數，中間講了兩、三個話題但也沒有進展，結尾時採用反覆的方式把相同意思寫了幾遍，最後幾個字就是「今天的任務終於完成了」。

每個人在自我欺騙的時候，都是絕世高手。我勸過這位讀者不要把步伐跨得太大，但是對方拒絕接受建議，說自己訂的計畫一定得完成，仍然用三十天把任務強行做了下來。但是，他犯的錯誤是對自己的能力沒有客觀認識，計畫不符合真實情況。這個時候，靠一時情緒支撐的執行力反而會造成更大的傷害。到第三十天的時候，這位朋友的文章品質不僅急速下降，還對寫作產生了厭惡感。

其實從來沒有養成寫作習慣的人，即使受到再多「寫作是最好的自我投資」「不寫作會被時代淘汰」的刺激，也不宜亂下決心做跨越式的發展。即便被別人寫作一年賺幾千萬的故事刺激得鬥志高昂，也不要違反進步需要時間的基本規律。哪怕是做同一件事情，每個人的基礎也不一樣，有人只要打個地基就能從平地開始蓋樓，而有人必須先把泥塘裡的水抽光，把坑填平才能開始打地基。

循序漸進是持續行動的最佳方式。基於底線思維，為自己設置底線任務，可以破解大多數的行動難題。書讀不下去，那每天讀一頁總可以吧？再不行，每天讀一段也行。只要保持每天讀一段的狀態，第一天讀一段，第五天可以讀兩段，第八天就能讀四段了。用不了多久，閱讀量和閱讀速度就能提升到相當不錯的水準。採取這樣的方式練出的工夫，會比市場上速成班教出來的扎實好幾倍。不僅是讀書，完成其他任何任務時都可以採取這樣的持續行動升級方式。

清晰的升級任務，明確的底線任務

我有幾個千人群組，專門用來讓大家練習英語朗讀。我從二〇一四年開始讓社團成員每天朗讀一段英語經典教材，一天一篇直到讀完。我們計算過，從英語學習書第二本到第四本，如果拆分超長篇的課文，每天練習一篇一分鐘左右的教材，練完一輪正好是一年。我們每年九月會把下一年每天的練習任務安排好，接下來就是按步驟練習。從二〇一八年十月開始，我們啟動了第四輪的英語朗讀持續力訓練。在第四輪訓練中，我採用了底線思維的方法，精心設計從L0到L4共五個層級的行動任務。每一個任務等級有相對應要完成的行動，也對應不同的難度。

級別畫分——

等級L0：朗讀練習。

等級L1：音標練習。

等級L2：聽力練習。

等級L3：表達練習。

等級L4：總結複習。

練習建議——

L0必做，堅決不放棄。

平時很忙的人：L0＋L4。

略有時間的人：L0＋L1＋L4。

自我要求高的人：L0＋L1＋L2＋L4，或L0＋L1＋L3＋L4，或L0＋L3＋L4（不推薦）。

頂尖行動者或某天突然急需進補的：L0＋L1＋L2＋L3＋L4。

根據底線思維，我對社團成員的要求是，如果每天很忙只需完成L0＋L4（基礎任務+總結任務）；如果時間充裕，就多做升級挑戰任務（例如L1音標練習、L2聽力練習、L3是表達練習），甚至全部都練，變成五項全能。這樣一來，每個人都能看到一個清晰的任務升級階梯，同時底線任務也很明確。即便很忙，只要完成基礎任務，也能保持持續行動的節奏。這樣設計任務的前提是，持續行動者不會自我欺騙、拈輕怕重，會在條件允許的情況下，不斷挑戰更多任務。在成長的道路上，一分耕耘，一分收穫。

看到這裡，我相信你會明白，持續每天做一件事是有可能的。我們只要打開視野、合理安排、精心設計、全面統籌，就能掌控自己的行動節奏。漸漸的，你會發現生活發生了改變，而這一切都是由開始持續行動帶來的。

你和他的差別，在於腦力

我經常在網路文章末尾發起「評論送書」的活動，優秀的評論者可以免費獲贈一本書。得獎者只要告知收件地址即可。有一天，小明中獎了，我們有以下對話。

我：「小明你好，請把收件地址給我。」

小明：「××市××街××號××樓。」

我：「請告訴我你的手機號碼。」

小明：「09××××××××」

我：「請問收件人是？」

小明：「哦，是我。」

同時中獎的還有小婷，我和小婷的對話如下：

我：「小婷好，請給我收件地址。」

小婷：「××市××街××號××樓，09××××××××，小婷。」

有沒有發現與小婷溝通的效率更高？為了獲得完整的收件資訊，和小明對話需要問三個問題，而小婷只用一句話就回答完畢。你更喜歡哪種溝通方式？

有人會說，必然是小婷，做事乾脆，廢話少，一步到位，而小明回答問題拖泥帶水。但是，也有人會為小明辯解：你明明問收件地址，小明按要求給了，是你沒有問清楚，不能怪他。這樣說好像也有道理。那好吧，這本書不送給小明了！兩本都給小婷。

做事多動腦，說話不爭吵

溝通是為了一定的目的而存在，哪怕閒聊，也是為了消遣。與小明對話的目的是拿到收件資訊。生活常識告訴我們，寄快遞需要收件地址、收件人姓名和手機號碼。如果有人問你「收件地址」，哪怕沒有提到「收件人」和「手機號碼」，理論上是不是應該一次性提供？這樣不僅不用來回問話，還方便對方在提交寄件訂單時複製貼上資訊，更能讓彼此少按兩次發送鍵。何樂而不為？

不過，如果真要為小明辯解的話可以說，溝通時不能過分依賴常識，否則就會陷入「知識的詛咒」——以為別人知道的資訊和自己一樣多。也許小明是從明朝「穿越」過來的，不知道寄快遞需要填寫手機號碼。這也不是沒道理。如果我在送書時接連遇到幾個像小明這樣的讀者，肯定會把開場白改成：

「××你好！請將收件地址、收件人姓名和手機號碼給我。寫在一行，用空格隔開即可。」

有了明確的要求，小明才可能像小婷一樣把完整資訊一次性發過來。這讓我想到網購客服，每一家的自動留言，想必是經過無數用戶反覆諮詢後沉澱的結晶：「親愛的，你要問的問題是不是這些？」

透過這個例子，我們可以看到，人和人之間的溝通很容易出現意料之外的情況。哪怕只是簡單的資訊詢問，也能橫生枝節。假如我脾氣暴躁，剛才的對話，就會是另一種模樣。

我：「小明你好，請把收件地址給我。」

小明：「××市××街××號××樓。」

我：「……我說地址你就只給地址啊！手機號碼呢？」

小明：「是你叫我給地址的啊！09××××××××。」

我：「光手機號碼就夠了嗎，收件人姓名呢？有沒有收過快遞啊？」

小明：「你送本書就了不起喔！書不寄給我，寄給誰啊？」

你看，問個地址都能吵起來。這樣的對話在網路上經常發生。陌生朋友初次對話時，一旦其中一方挑剔苛刻，雙方便容易因小事產生分歧爭吵起來，最後互相封鎖。就這種話題甚至可以寫很多爆款文章，比如「情商很重要，好好說人話」「職場需要眼力見，多做一步晉升快」。如果再寫篇文章酸一下小明，挑動讀者的情緒，引發共鳴，傳播效果會更好。

但是，持續行動者應該多想一下，爭吵不會是一個人的事情：

小明沒有思考收件地址的含義，而是按照字面意思直接發送地址。

提問者也沒有思考，詢問收件地址的時候，目的到底是什麼？是否有產生誤解的可能？

如果我們都願意在做事的時候，多想一步，那該有多好。

做事多動腦，你好我也好

我們為什麼不願意思考？思考時大腦快速運轉，而加工資訊需要消耗很多能量。研究表示，儘管人腦重量只占體重的二～三％，但是大腦消耗的卡路里占全身總消耗量的二〇～二五％。學生時期，一說到做作業、考試，是不是就很壓抑？小學時我最害怕的就是課文後面寫著「朗讀並背誦全文」。國中做幾何題時，畫輔助線是我的死穴。考試的時候，絞盡腦汁拚命回憶上課教的內容也想不起來，肚子卻餓得更快。

當對話雙方都不願意思考，就沒辦法好好說話，交流便會出問題。於是你會感慨，為什麼和某個人說話這麼累！在交流過程中，雙方如果都不願意付出腦力，就像參加一場陌生人之間的飯局——大家沒有多少交情，雖然在一起吃飯，但是沒人願意買單，連ＡＡ制都不願意。在對話中主動投入腦力，就像吃飯主動買單，有人願意貢獻，大家都高興。如果沒有任何人願意付出，對話就會陷入僵局。凡有一方稍微願意多付出一點腦力，打破僵局，結果將完全不同。

看到對方問收件地址的消息時，小明如果想：

現在他問我收件地址，要送我一本書，應該是要寄快遞。雖然只問我收件地址，但應該給他完整的資訊。若用一封訊息寫好，也方便複製。雖然他沒問，但是根據上下文，我想到就可以提前做。

假如小明這麼想，並且這樣做，就會變得像小婷一樣高效。

換個角度，提問的我也多想一步：

問收件地址，對方會不會就只給我地址？我是不是應該把資訊說清楚，請對方同時提供手機號碼和收件人姓名？萬一他很忙，回覆完一封訊息就放下手機，那我還得等半天，不如一次把需要的資訊都告訴對方，這樣也方便對方知道我的需求。

假如我也多想一步，就不會在提問的時候偷懶，只問收件地址了。

如果在一次交談中，雙方都願意為彼此多付出一些，那麼這場對話的溝通品質就會相當高，不僅節省時間，交流體驗也會很好。如果一個人做事經過思考，很容易能讓對方感受到。男女談戀愛，經常出現這樣的橋段：男方花費心思為女方準備禮物，即使價格不高，女方也會很開心，知道自己在對方心中占據了重要的位置。花費心思其實就是投入腦力的表現，代表重視的程度。當然，願意支付高貴的價格也算投入腦力。

但是，如果對話中的任何一方都不願意多付出腦力，為對方多思考，時間就會消耗在一次又一次的確認意圖上。最極端的情況就是答非所問的拉鋸戰，審理嫌疑犯就是典型案例。嫌疑犯往往會有僥倖心理，在面對執法人員的提問時，不會朝著對話輕鬆愉悅的方向努力。審訊人員需要技巧才能讓對方說出真相。即使是日常家庭生活中的對話，如果有一方故意不好好說話，也可能引起家庭戰爭。

既然如此，生活中與人相處時，什麼樣的策略對我們最有利？

日常生活中，大部分人在多數狀態下都是不願意花費腦力的。我們如果願意主動投入，不吝惜思考，提前儲備充足的腦力，將最省事。在與人相處的過程中，多付出心思就會讓對方感到舒服。當對方覺得溝通順暢，也會展現出善意，最後氛圍融洽。做事多動腦，你好我也好。

這就是長輩教育我們從小與人為善的重要原因——降低在社會生存的阻力。就像存錢一樣，先存錢，才能領錢。我們在社會上先釋放出善意，別人才會對我們的善意予以回報。即使不期待對方的回報，至少會減少做事時遇到的阻力。

動腦的才是有錢人

我們如果善於運用腦力，就可以從他人的表達上看出對方在哪裡付出了腦力。當我們越來越內行，會敏銳的發現其他內行人的存在。棋逢對手的人有英雄惜英雄之感：「哦，原來你我是同類人。」

說到底，人和人的差別就在於我們花多少腦力去思考一件事情，包括時間、精力、意志、努力等所有投入。如果我們從小到大不接受任何教育、不受任何思想指引、不投入任何腦力，只由本能驅動，那麼大腦的高級功能便得不到開發，和動物相差無幾。想變得與眾不同，意味著需要投入大量的時間和精力來磨練自己。這些都是腦力的投入，畢竟我們無法用自己的腳趾頭學習。

在現實生活中，我們會羨慕有錢人，但是在精神世界應該向腦力富有的人學習。在未來的人工智慧時代，如果腦力不富有，比不上一台機器，我們也許會被代替。人腦某方面，比如數學運算能力，早已比不上機器。假如我們願意持續開發自己的腦力，做一個腦力富有的人，便能不擔心時代變化，受益於腦力富有，最終生活富有。

有錢人因為足夠的財富自由，不怕花錢，進而由錢生錢，實現收入的穩定增長。腦力富人因腦力充沛，不怕投入腦力，大腦越用越好，在專業領域內一通百通。請在生活中做一個腦力富有的人，因為只有腦力富有，才能穿越產業發展週期，即使面對個人資產的波動，也無所畏懼。大腦裡的智慧，可以隨時變現，成為銀行帳戶裡的餘額。

人和人的差別來自腦力，就像人的財力一樣，在一定程度上決定了發展的可能。在資訊時代，科技實力決定國家強弱；在資訊時代，腦力高低則決定我們的前途命運。

只要能到達，哪怕走遠路

年輕人害怕走遠路，但我卻覺得，遠路不可避免。

如果把「誤入歧途」「違法犯罪」當成遠路，當然走不得。但若因為害怕付出沒有回報，而不想走遠路，就完全沒必要了。

不繞遠路就像中樂透一樣難

害怕繞遠路的說法，隱藏了一個假設：從現狀到目標的兩點之間有一條最短路徑。從幾何原理來看，兩點之間有最短的線段。除此之外，其餘所有的路徑都更長。如果我們不繞遠路，就只能走兩點之間的線段。但是，兩點之間的道路何其多，我們走出最短路徑的難度就像中樂透一樣。生活中總會出現各種干擾，我們時不時會偏離預定的方向，跌跌撞撞才走到終點，不可避免的要繞遠路。

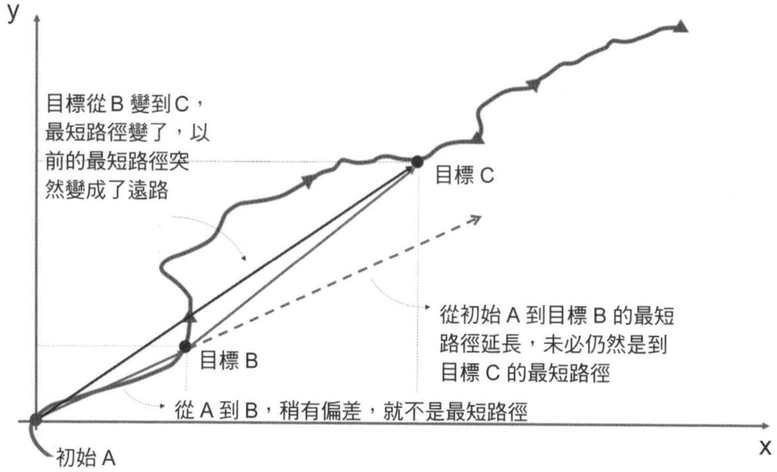
y
目標從 B 變到 C，
最短路徑變了，以
前的最短路徑突
然變成了遠路
目標 C
從初始 A 到目標 B 的最短
路徑延長，未必仍然是到
目標 C 的最短路徑
目標 B
從 A 到 B，稍有偏差，就不是最短路徑
初始 A
x

圖1-1 方向與最短路徑的關係

我剛學會騎腳踏車的時候，喜歡炫技，把車騎到花壇的水泥圍欄上。圍欄不高也不寬，五根手指的寬度，在上面騎車，龍頭必須很穩，稍有不慎就會摔下來。害怕繞遠路，就是這種擔心掉下來的感覺。如果你的目標是不繞遠路，那注意力便會全部放在對是否繞遠路的判斷上，完全顧不上前方。

在最短的道路上，只要出現偏差，就會變成繞遠路。太過於在乎有沒有繞遠路，其實吃力不討好（見圖1–1）。生活經驗告訴我們，為人處世，不能處處想著占便宜。那麼在進步的道路上，為什麼就堅決不繞遠路呢？路遠沒有關係，並不影響你最終到達目的地。

再退一步，假如運氣爆棚，一開始走出筆直的道路，一點彎曲也沒有，直達目標。然後呢？只要方向改變，原來的最短道路還是會變成新的彎路。而改變必然是會發生的。我們的生活充滿未知，即使現在抄了捷徑，未來再回頭看，還是繞了遠路。

乾脆不再糾結繞遠路。如果不斷往前走，每一次的嘗試都是有意義的，只不過有些意義，不是當下就能意識到。

賈伯斯在史丹佛大學演講時提到，為了研究字體怎樣設計更好看，年輕的時候曾學習書法，那時並不知道學了有什麼用，但仍然做了。十年後，賈伯斯在設計第一台麥金塔電腦時，把所學的技能，包括字體設計全部應用在電腦上，這是第一台使用漂亮字體的個人電腦。賈伯斯說，向前看的時候，你不可能把所有點與線連起來，但是回頭看卻豁然開朗。

如果從不繞遠路的角度來看，學一個看起來沒有用的技能，不僅不務正業，而且還繞了遠路。但實際上，你現在走的這條遠路，可能正好是人生藍圖點睛之筆的一條弧線。

不繞遠路的想法才是繞遠路

那麼，會不會有人可以幫你少走點遠路呢？我們學習知識、與不同的人交流，本身就是一個少繞遠路的過程。如果你想學飛行器設計，不需要非得從頭開始設計一架飛機，教材可以告訴你航空發動原理。如果想學電腦技術，也不需要從頭開始設計編碼規則，教材能告訴你什麼是補數、什麼是反碼。前人總結的經驗，讓我們少走了很多冤枉路。

但有趣的是，面對這些知識和道理，我們往往置若罔聞，甚至故意忽略，執意尋找避開遠路的捷徑。我們折騰半天，花費了時間、精力、錢財，最後才發現寶藏原來就在最熟悉的地方，只是以前從未注意過。

我不相信有誰能幫你少走點路，如果自己不花費腦力、不思考、不親身體會，就算有人指著捷徑喊破嗓子，你也只會感覺雖然知道有捷徑，但在實戰中仍舊手足無措。踏踏實實前進吧！哪怕遇到彎路，也不要痛苦糾結，盡情享受探索的過程。盤點探索中的每一個細節，把每次教訓銘記於心，凝結成自己的行動智慧，才是最有效的解決方案。我們並不知道未來會朝什麼方向發展，別擔心一時的得失，而要在意每次做事時是否都投入腦力、盡了心力。

不想繞遠路只是美好的心願。當有人告訴你「我可以幫你少走點冤枉路」時，你會特別興奮。你也許不知道到底冤枉路是怎麼少走的，但一接收到「這不是冤枉路」的確定感，內心就感到寬慰。但是當你開始嘗試避免繞遠路的時候，已經在繞遠路了。有人在你的腦袋種下了不繞遠路的概念，於是你半信半疑，被牽著鼻子走。

我寧願害怕走不了路，也不害怕繞遠路。生活時時刻刻都在變化，只有在一成不變的世界裡，最短路徑才會是有效的。在瞬息萬變的時代，只有自己走出來的道路，而沒有所謂的彎路和直路，因為人生這條路，時而彎曲，時而筆直，但都是我們自己的路。

做一個充滿行動力、腦力爆棚的人，就不會害怕繞遠路。如果有富足的腦力、充沛的行動力，就可以破解所有阻擋你前進的問題。田間小道彎彎曲曲，但如果我們開的是坦克車，就可以把彎路直接碾成坦蕩的大道。

成長的捷徑就是迎難而上，成長的彎路就是找捷徑。

茅草燃得快，硬柴燒得久

二〇一八年初，我回了一趟老家，正好趕上親戚抽水撈魚。親戚家有一個大魚塘，每到年前會把魚撈出來賣，換點錢好過年。撈魚的第一步是抽水，水見底時，親戚穿上防水衣，下池塘開始作業。池底到處是淤泥，每走一步腳都陷得很深，步履維艱。

池塘見底，遍地鴨蛋重見天日。每一顆鴨蛋的背後，都有一隻來不及上岸下蛋的鴨子，只能水下作業。我不禁感慨：主人真是白養了，不遵守生產流程，真是極大的浪費。

正值南方寒冷的冬季，草木乾枯，稻田乾涸，泥地裡只剩下收割機碾過的痕跡。田壟上長滿高高的茅草，泛黃連成一片。雖然沒有雨，但與北方相比，濕冷卻是入骨的。在池塘邊小站一會，我就感到寒意陣陣襲來，如針刺一般，更不要說在池塘裡作業了，想必是刺骨之寒。

岸邊茅草叢生，已經枯萎乾燥。親戚在田壟上點火，一開始我想到可以直接點燃田壟上的茅草取暖。但是安全意識告訴我不能這樣做。於是我找出一些乾草，堆成一落，打火機一點，瞬間熱風襲來。這大概是冬日裡最美好的體驗，茅草好燒，一點就著。火苗跳動，茅草劈哩啪啦作響，乾燥的熱空氣驅趕了寒意，比室內烤火更有暖意。室內空氣流通差，炭火微弱；室外空氣流通好，火勢旺盛。

很快的問題出現了，茅草燃燒速度快，只過了一會，火勢便趨弱。為了不讓火熄滅，就要不停割新茅草。新茅草加入火堆，火燒得更旺，茅草反而消耗得更快。這就導致我無法安心取暖了，因為得不停的割茅草。

割草割累了，我想：「乾脆去找幾根硬柴來燒吧，這樣火燒得久一些。」池塘邊有一棵枯樹，樹齡不大。正好帶了鐮刀，我砍下了一些樹枝，趁著茅草燒得正旺時，扔進了火堆。

柴剛扔進去，火堆冒起青煙，樹枝裡殘存的水分在做最後的掙扎。不一會兒，柴漸漸燒起來，火苗不算旺，慢慢燒著。幾根柴架在一起，相互支撐，下面放一些茅草作為輔助，火勢穩定了很多，熱量也穩穩輸出，為我省下不少割草的工夫。終於可以站著取暖，不用跑來跑去了。

那天下午有些微風，我站在迎風處，近距離感受火堆釋放的熱量，不時添柴加草。親戚在池塘裡忙前忙後，不時過來取暖。忙碌了一年，計算著池塘的魚，希望有個好收成。

雖然小時候也玩過泥巴，但親戚沒有讓我參與撈魚，我一直在旁觀看，度過了很放鬆的幾個小時。在城市鋼筋水泥森林裡長期生活的人，失去與自然的直接接觸，感官逐漸麻木。

但是，不管你在多高級的辦公大樓工作，千里之外的土地上都有人在勞動著，有萬物生長，有生命跳動。春夏秋冬，一輪又一輪，時間彷彿重複著同樣的旋律，凝結的全部是記憶。

看那火焰，就像我們渴望蒸蒸日上的事業。茅草可以引火，一點就著，釋放內心的野性；但是茅草不經燒，很快就需要新茅草的加入才能延續火勢。若把基業建立在茅草上，雖然可以看到一時之勢，但非長久之計。

如果要生火取暖，茅草只能作為引子。點燃茅草以後，便要添硬柴。只有藉著茅草的火勢，才能驅趕硬柴的水氣，硬柴才能慢慢燒起來。但是手握打火機的你，卻無法直接點燃硬柴，必須先讓一批茅草燃起來，才能借茅草的火勢讓硬柴充分燃燒。

如果我們只依賴茅草取暖，就要一直忙著割茅草，根本無暇安心取暖。生活就是這樣，有人割茅草割上癮了，忘記自己本來的目的是要生火取暖。於是，火燒得越旺，反而越讓人緊張，因為這是虛火，一旦不添新茅草，很快只剩下灰燼。

茅草就是即時回饋，是噴薄而出的情緒、一觸即發的決心、轉瞬即逝的動力，起得快，竄得高，落得也急。硬柴才是真正支撐我們成長的硬技能、真工夫、好系統。相較於即時回饋，好系統來得慢，建好以後經久耐用、持續穩定。當你想要快速燃燒火的時候，就點茅草，但是要想火燒得久，必須得有硬柴。

生活蘊含了成長的智慧，只是缺少發現的眼睛。回到城市後，茅草和硬柴的故事還縈繞在我腦海。

燒了一個下午的火，如果在火堆下面埋幾個地瓜，那該有多好！

第二章

如何快速進入新領域

100天

興趣是最好的老師，老師不在怎麼辦

「我五歲的女兒最近突然對奧數（國際數學奧林匹亞競賽）很有興趣，每天都叫我給她出題目，不知道怎麼回事。」和朋友聚餐時聊到奧數的話題，當大家七嘴八舌回憶自己當年學得有多辛苦時，學霸朋友淡淡說了這句話，空氣瞬間變得安靜。

家長才是孩子的起跑線

涉世未深的孩子，哪有什麼奧數的概念。女兒喜歡奧數，背後一定有一個「有心機」的老爸。也許家裡擺滿了與奧數相關的書，也許爸爸是奧數迷。女兒目之所及都是數學，耳濡目染，終於對奧數產生興趣。如果繼續保持這分熱情，相信等女孩長大，和同齡人一起學奧數的時候，別人做題目的痛苦，就是她的理所當然。

孩子的成長就像一輛行駛的列車，父母負責修鐵路，孩子是小火車。鐵軌鋪得好，火車順著跑，跑出好未來。因為持續寫作，我認識了很多年輕有為的朋友。這些朋友和我年齡相仿，有幾個甚至比我年輕很多，而成就之高讓我自慚形穢。不由得感慨：有時候人和人的差距，比人和動物的還大。

不過在了解他們的成長經歷後，發現他們之間有一個共同點。在三十歲左右就擁有遠超同齡人成就的人，剔除運氣因素，小時候都有幸得到長輩的薰陶和引導。有人的爸爸是電子工程師，曾不惜花重金購買個人電腦，培養還在上小學的孩子學習程式設計，現在孩子成為高科技新技術的企業家。有人接受口譯員媽媽的指導，從國中開始學口譯、練英語，英語水準秒殺同齡人，獲得極大的信心並成為學霸，現在是外商企業高階主管。這些父母提前為孩子武裝了一項技能，當其他同齡人還在努力掙扎的時候，他們早已超前完成技能學習了。

很多人說，不要讓孩子輸在起跑點，但起跑點其實就是家長。家長引導得好，孩子會認為學習本來就是這樣，不會輕易在學習中感受到那麼多痛苦。對於小孩子來說，他們哪知道什麼知識難、什麼知識容易，自然是模仿父母的學習態度和學習模式。

學習終究會有痛苦的味道。人類文明與技術的成果要薪火相傳，靠的就是一代代的學習與實踐。把知識學進大腦，就像為剛出廠的硬碟輸入內容。硬碟飛快旋轉，轉接頭正把資料一點點輸入，吱吱作響。這響聲就是我們舒適區坍塌的聲音。從幼稚園到大學，從校園到社會，我們學習的過程就是往頭腦裡安裝不同的軟體。在這個過程中，縱然有學有所得的歡喜愉快，但更真實的是汗水辛勞。

如果有人在早期引導，激發我們的興趣與熱情，讓我們對苦難有更強的忍耐度，那麼面對這些困難時，反而能樂在其中。

從這個意義來說，興趣是最好的老師。興趣為我們提供了天然的內在驅動力量，讓我們樂此不疲的鑽研下去。興趣為我們帶來面對未知的勇氣，伴我們度過學習的難關。培養興趣，讓我們發自內心喜歡一個領域，充滿激情的投入，開心做事！

興趣很好，但並非萬能

一個人做事的動力，只能是興趣嗎？如果沒有興趣，就做不了事嗎？

如果是小孩，不能長時間集中注意力、不愛學習、不懂事、不講道理，那需要有一個好老師，以他能接受的方式引導、激勵、帶領，讓他循序漸進的獲得進步。在這過程中，小孩進入佳境，在快樂學習的同時還能天天進步。這是多麼美好的事情！

但殘忍的事實是，大部分人一生中並不會遇到這樣的好老師。好老師可遇不可求，我們未必能在成長的關鍵期成為幸運兒，得到好老師的引導。在一般的情況下，我們遇到的老師更可能只是勤勤懇懇、認認真真、努力工作的教育從業者。他們也許不像某些補教名師那麼有趣，逗得我們捧腹大笑；他們的授課模式一板一眼，甚至讓我們在課堂上聽講時都要睡著了。

這時應該怎麼辦？用拒絕學習的方式來懲罰老師嗎？以搗亂的方式對抗課堂秩序？好像不管用。老師並不會因為我們的搗亂而蒙受損失。老師送走了一屆學生，馬上又要迎接下一屆。教學能力一般的老師，講課即使再無聊，只要不犯重大錯誤，也不會因為學生的成績而丟飯碗。但是你在學習的時候唬弄自己，就是浪費青春時光。

如果在求學的關鍵階段，沒有遇到好老師來培養我們的興趣，那要等到出社會以後，再去尋找一位好老師讓自己重溫學生時代的學習樂趣嗎？萬一還是沒找到呢？

換個角度來看，能不能自己培養興趣呢？如果不依靠興趣，是否也能動力十足的做一件事呢？興趣會激發人的動力，不僅孩子要靠興趣學習，即使是成年人也不例外。你在書店翻閱一本書，或者點開一篇網路文章，可能都是因為標題引起了你的興趣。但興趣的背後，到底是真的壯志滿懷，還是葉公好龍呢？

二〇一五年我剛做網路社群不久，成立了一個機器學習小組，想透過小組帶領一些有興趣學習這方面知識的人入門。那時，人工智慧正掀起熱潮，一時很多人蜂擁而至，紛紛報名表示很感興趣，想一起學習新技術，走到時代前頭。

學習技術就像看數學教材。前言部分富有趣味，輕鬆易懂。一旦進入正文，定義、公式、定理出現，一些人馬上感覺枯燥乏味，不知所云。機器學習小組的情況也類似，剛開始內容簡單，大家熱情高漲，每天在群組熱切討論，言談洋溢著興趣激發的幸福感。不到第三章，學習內容難度增加，就像一盆冷水潑進群組裡。起初大家還在討論作業怎麼做，公式怎麼推導，之後開始程式設計，群組裡說話的人就少了，甚至連問題都不問。等到要交作業的時候，那些發言最積極的人乾脆消失，裝作沒看到訊息。

小明也參加了這個群組。

我問小明：「為什麼你現在都不說話了？」

小明說：「S老師，我沒想到那麼難，當初只覺得有興趣。」

我說：「我之前不是說了有一定難度，參加要慎重。」

他說：「我看教材第一章，覺得機器學習真的很酷，就想學嘛。」

我接著問：「那你現在的興趣呢？」

小明說：「我發現沒有那麼簡單，看到公式就沒興趣了。」

興趣和情緒一樣不穩定，來得快，去得也快。興趣甚至可以由幻覺驅動：感覺機器學習專家很厲害、薪水高，喜歡這種厲害的感覺，想像自己變得跟專家一樣厲害，對機器學習便產生了興趣。

不過，真有人堅持下來。群組裡有一位叫蘇菲的女孩，受到小組的影響，開啟機器學習鑽研之旅。從簡單的知識入門，持續學習，不斷進階，之後還完成了碩士論文，得到一家網路大公司的高薪職位，成功轉型，薪水是同學的好幾倍。這過程只用了不到兩年的時間。每當我在演講中分享她的案例，說到機器學習時，大家都沒有反應；說到成功轉型，大家會抬頭看我；說到她的年薪時，所有人的眼睛都亮了。

小明在聽說這個女孩的故事後，又來找我。

小明說：「S老師，我還想學機器學習，要怎麼入門？」

我說：「你不記得你有放棄的『前科』了吧？」

小明說：「我這次是真的有興趣。」

我馬上說：「你是對錢感興趣吧。」

不以興趣之名耍流氓

現在很多人說自己對某件事情有興趣，也許只是覺得這件事能賺錢，而且最好可以很快就賺到錢。但是在嘗試後發現錢賺得沒有料想中那麼快、那麼容易，甚至根本不賺錢，這些人便會立刻喪失興趣。這根本就不是興趣，只是衝動。很多興趣愛好的確可以用來賺錢，但是錢不會來得那麼快，因為興趣愛好要發展成個人技能需要時間。

做事時應該理性思考，在前進的道路上，需要解決什麼問題以及用怎樣的方式解決，而不是拿興趣說嘴。有沒有興趣全憑心血來潮，這是很不實際的行為。在持續行動的道路上，興趣應作為原動力退居二線，臣服於目標，以理智和行動扛起實現目標的大旗。我們應該做什麼，就想方設法去做，不以興趣為由為自己設限，繼而獲得更大的自由。

再退一步，假使你非常幸運，做的事情正好也是興趣所在，沿著這條路走下去，總有一天會發現自己面對的是重複、無聊的工作，而你又無法推卸。這個階段其實是在刻意練習時必然會經歷的。在任何領域，興趣只負責開局，而要把水準提到一定高度，努力和付出必不可少，痛苦、迷茫也必定伴隨其中。

我中學時對英語很感興趣，經常幻想自己做同步翻譯的帥氣模樣。在大學期間自學口譯，練到想吐，那時眼前的英文單字彷彿都變形了。那時候我不知道持續行動的理念，唯一想的是，一定要撐下來。幸好當初沒有放棄，轉投其他興趣，否則今天我的社團也不會有口譯這個鮮明的特色。當你需要攻堅克難的時候，興趣提供的動力會慢慢被削減。你需要考慮的是，什麼力量能讓我們走得更遠。當興趣火力不夠時，你得憑信念支撐。

在我的社團裡，有成員會討論孩子應該利用課餘時間學點什麼作為興趣愛好。我認為什麼興趣並不重要，重要的是和孩子商量好——這個興趣是你自己選的，一旦開始學，不得半途而廢，不能以自己沒興趣為由開脫。孩子的興趣點轉移太快，不見得是件好事，他們容易在遇到困難時，以沒興趣為藉口合理化自己的退縮不前。讓孩子堅持自己選擇的興趣，除了可以培養責任感，也能告誡孩子——開始可以用興趣鋪路，但進階不能全憑興趣。

一個人從持續觀望到開始行動，興趣發揮了重要的引導作用。而在行動了十天之後，就會面對持續一百天的挑戰。這時最初的激情退去，興趣被重複的工作代替，動力會慢慢消退。很多人在這階段開始退卻，安慰自己也許不適合做這件事情，需要換一個方向。但是如果你只花十天做一件事情，幾乎不可能取得明顯的成就。能不能穿越從持續行動十天到持續行動一百天的迷霧，就看這階段怎麼和自己對話了。

興趣是最好的老師，如果沒有老師，我們也可以自學成才。

改變是如何緩慢發生的

據說現在很多年輕人都開始掉頭髮。我在各地舉辦活動時，社團成員和我打招呼，已經不再說「你又胖了」，而是說「你的髮量又少了」……

掉多少頭髮才算禿？

那就讓我們思考這個關於掉頭髮的禿頭問題吧。洗髮精廣告的模特兒，秀髮烏黑，柔順有光澤，大概有十萬根頭髮。問題來了！如果一個帥氣男生一開始有十萬根頭髮，由於長期熬夜、飲食不規律，開始掉髮，到什麼程度可以說他是禿頭了呢？

你可能會想，超過了一定標準就算禿。我們先隨意定一個參考值，比如頭髮少於兩萬根就算禿頭好了。那麼，擁有兩萬根頭髮是否就是禿頭的判斷標準呢？

如果一個人有兩萬零一根頭髮，算不算禿頭呢？按標準來說，他不算禿子，畢竟兩萬零一大於兩萬。但是我再問你，兩萬根頭髮和兩萬零一根頭髮，看上去有分別嗎？都是一樣少嘛！多一根頭髮也不能改變什麼，所以兩萬零一根頭髮也算禿頭。

那如果再往上加呢？20002根、20003根、20004根……你會發現好像沒有什麼差別。如果你拍對比照上傳臉書，朋友們一定會問你為什麼要把同一張照片重複發好幾遍。如果一直加下去，當加到99999根的時候，你已經不是禿頭，而是洗髮精廣告模特兒了。

在頭髮不斷脫落的過程中，什麼時候算真正的禿頭呢？我們很難找到這樣的數值，一個時刻、一個標準，就像門檻一樣，你跨過去就是禿子。相反的，一個人在掉頭髮的過程中，往往掉著掉著就越來越像禿頭了，即所謂的「禿頭悖論」。甚至可以說，當你感覺自己像禿頭的時候，其實已經禿很久了。

用掉髮舉例，有點殘忍。但成長中很多事情，和掉髮的原理一樣：剛開始變化不明顯，漸漸的就像你以為的樣子了。改變就是這樣慢慢發生的。

練好發音，聽力也會有進步

我每年開辦兩次線上英語發音課，每次課程一個月。早上六點開始上課，帶領學生以音標練習一篇四分鐘的英語文章，平均下來每天兩句話。以這樣的節奏，一個月可以練一遍英語音標，搞定發音的基礎。在課程開始前，我會讓學生自己先讀一遍文章，並錄音保存。在之後一個月的授課過程中，我要求學生每天至少花一個小時練習發音。當課程結束時，讓學生再錄一段新的錄音，和預習時的錄音片段對比，並告訴我有什麼感受。絕大多數同學的回饋是——被自己的進步嚇到，沒想到一個月的變化那麼大，以前的發音根本聽不下去，完全不相信那是自己。

跟著我練習英語發音一個月，進步是必然的。讓學生們更意外的是，自己的英語聽力水準居然也有進步。不管是看美劇還是聽英國廣播公司的新聞，即使語速很快，也能比以前聽得更清楚。但那個月，我並沒有讓大家練聽力，所以這個意外收穫讓很多人興奮不已，紛紛感覺自己的英語學習有希望（其實這是幻覺，如果不持續練習，這種進步的感覺很快會消退）。大家問我為什麼會出現這種情況？原因很簡單，你如果把英語音標練好了，本質上也提高了對英語語音的敏感度。另外，當你能正確發出一個音，就更容易聽到這個音。有點像心理學的「孕婦效應」——當一個人懷孕時，會更容易注意到其他孕婦的存在。

在一個月的英語發音練習中，我唯一做的就是引導所有成員以不急不躁的心態，每天持續練習，並且在情緒消極的時候即時干預。只要能跟著我持續練習下來，最終結果必然是因進步而喜出望外。不是我教得有多好，而是大部分人在遇到我之前，可能從來沒有這樣踏踏實實的練習。我做的只是想方設法讓大家耐著性子慢慢做，見證時間帶來的改變。

關於學習成長，我一直相信一個道理：一步一步走，戒驕戒躁，穩紮穩打，只要持續時間夠長，自然能看到顯著的結果。更有意思的是，這個結果甚至會比我們預料的還要好。

持續行動，改變靠湧現

系統科學中有一個「複雜系統理論」，旨在研究非常複雜的系統（複雜到無法用一句話說清楚）。複雜系統理論裡有一個「湧現」的概念，這是我最喜歡的概念。用最直接的話來解釋，就是1＋1＞2。當你把許多不同的部分組合成一個整體，整體會出現不屬於任何部分的屬性，這時就會發生湧現。

舉兩個關於湧現的經典案例。人的意識如何產生？大腦結構中並沒有組織對應人的意識，但是大腦的上千億神經元相互作用，就湧現了意識。大腦的每部分都參與了意識形成的過程，但是意識卻不屬於大腦的任何一個部分。意識和大腦各部分的運作，分屬於兩個不同的層面。另一個案例是螞蟻。一隻螞蟻看上去很弱小，但是成千上萬隻小螞蟻形成的蟻群，卻可以合作完成複雜又充滿智慧的工作，比如找到通往食物的最短路徑，建造龐大而精密的群居洞穴。

湧現給我最重要的啟發就在於：

- 湧現是在更高層次出現的新屬性，不屬於原有層次的任何一部分；
- 湧現在更高層出現，有益於讓下一層的每件事情都做得很好。

如果單個神經元不做好電位傳導、如果一隻螞蟻不做好共同工作，所謂的意識、所謂的群體力量，便無法出現。基於此，我們不妨思考一個問題：那些我們想要擁有的能力，那些我們嚮往的進步，有沒有可能是一種湧現帶來的結果？甚至是不是可以說，任何無法透過簡單步驟獲得的能力，都需要由湧現實現。

很多人想說一口流利的英語，但是這個能力可以透過「三步驟立即實現流利表達」的方法獲得嗎？生活常識告訴我們，這是不可能的。學好英語需要長期投入大量的時間和精力，不可能一步到位。很多人想快速瘦身，但是可以透過「五個步驟馬上瘦五公斤」的方式達到減肥目標嗎？運用生活常識就知道，你不會一夜變胖，也不能一夜變瘦。只有在騙局裡，秒瘦才是真的。很多人想利用投資股市賺錢，但是在股市中持續賺錢，可以透過「十大炒股絕招」實現嗎？按照生活常識，如果有人教你如何在股市輕鬆賺錢，那為什麼他不自己先賺呢？像寫一手好字、好文章、做事幹練、身材好、氣質佳、思維敏捷、邏輯清晰等令人羨慕的能力，其實都不能透過簡單、確定的幾個步驟快速獲取。這些都是湧現帶來的結果。

但有趣的是，很多知識付費課程，以湧現的結果為噱頭，宣傳課程的神奇效果，吸引人們花錢購買。你是不是閱讀速度很慢？學了我們的課程，保證你一天可以讀十本書。你學的是不是「啞巴英語」？只要參加我們的課程，保證三天無障礙交流。閱讀速度快、英語交流無障礙，都是湧現後的結果，是需要長期練習才能習得的技能。晚上到家，你一按開關，燈就亮了，但是學習不是開燈，沒有那麼明確的步驟和直達的方法。你如果理解湧現的概念，就能幫自己在知識付費時代省下很多錢，少繳智商稅。

高一層級的湧現，必須要有下一層級大量工作的投入，而持續行動就是讓你扎扎實實做好每一件事。在英語晨讀課上，大家每天認真練習，努力完成作業，在堅持一個月後，發現自己在英語發音和聽力方面居然都有進步，這就是經歷了一次小小的湧現。如果真要問具體是哪一天發生變化，就像問一位曾經滿頭黑髮的帥哥什麼時候變成禿頭一樣，沒有明確的答案。明白這一點，我們就可以安心做好一件事情，只要時間夠長，改變自然會慢慢發生。

湧現在什麼時候出現？

那你一定會問，我要持續行動到什麼時候，湧現才會出現呢？一定要努力，但是千萬別著急。一著急就會開始上鑽下跳，一著急就不再願意認真做事，一著急就揠苗助長。成長像蓋樓，無論是平整的土地還是爛泥沼，都得先打地基，或者更複雜——先抽水、填坑，再打地基，然後開始按設計圖蓋樓。

就一直行動下去吧，改變發生的時候，自然就會知道。我發現，人類追求的所有美好事物，比如健康、智慧、財富等，都要透過湧現實現。那些輕易就能得到的，都會被我們視為稀鬆平常而不珍惜。比如張口就能呼吸到的空氣，以及每天睜眼就能看到的世界。

殊不知，潔淨空氣、美麗世界的背後也隱藏了很多人的努力，這何嘗不是一種湧現？如果你理解了湧現的概念，不妨思考一下：很多網路文章裡常說「何以解憂，唯有暴富」，你認為暴富是一種湧現嗎？你相信一夜致富嗎？

凡是能得到的，我都不屑一顧

我記得在大學讀書的時候，實驗室有一位教授，很年輕、長得又帥，每次在實驗室出現時都是西裝筆挺，氣場十足。教授喜歡用萊卡相機，網路相簿裡有很多攝影作品：大學校園生活照、以及超美的妻兒合影。在我們心裡，這位教授就是人生贏家！

做教授的研究生壓力很大，我的室友就是他帶的博士研究生，經常通宵做實驗。教授對學生要求嚴格，而且會親自帶頭做事，讓學生沒法打馬虎眼。交作業時，學生如果想多寬限幾天，教授就會說：「這件事情我只要兩天就能搞定，你為什麼要一週？」教授對學生的能力瞭若指掌，一點也不掩飾對自己學生的「鄙視」：「你們啊，就是能力太差了，還不好好努力！」

某年冬天，IEEE（電氣和電子工程師協會）公布了新一年的 IEEE Fellow（增選會士）名單，教授入選了。看到這消息，我們這群「能力很差」的研究生都為他感到高興，準備給教授傳祝福訊息。沒想到教授早就在網上發布動態：「凡是我能得到的，我都不屑一顧。」我們只能整齊跟著上面的回覆留「跪拜」的表情符號。

IEEE Fellow是電氣和電子工程師協會授予的最高榮譽，每年只評選全球科技領域裡最優秀的科學家，當選人數只占協會總人數的〇．一％。獲得這項榮譽，既是對研究貢獻的認可，也是重要的職業成就。獲得此項榮譽的人也是鳳毛麟角，科技領域知名人士如李開復、張亞勤等，都在早年獲得了IEEE Fellow榮譽。

對於這項學術界很多人夢寐以求的榮譽，教授卻「不屑一顧」。看到這則動態，我的第一反應是，怎麼也不謙虛一下。但是轉念一想，這其實很符合他的調性。教授在自己的研究領域建樹頗豐，時時刻刻思考最先進的科學問題，而且還能把科學研究產品工業化，落實到商業應用中。要走在科學研究的先端，必須專注在尚未解決的科學問題上。解決一個問題，又會出現新問題，持續不斷的工作中，人類的知識體系得以鞏固和發展。榮譽和成就其實伴隨著工作成果而來。榮譽只是對過去的注解，而不是讓行動停滯的功勞簿。

在持續行動的道路上，當我們想偷懶，指望一勞永逸的時候，格局就會變得狹隘。在學生時代我就犯過這樣的錯誤。那時我一方面羡慕已經在國際頂級學術會議發表論文、取得科學研究成果的同學，另一方面又不想給自己太大壓力，覺得只要發表一篇合格的論文，能畢業就好。後來我才明白，如果只滿足於階段性的小成果，指望熬過去就能高枕無憂，不用再努力，根本走不了多遠，只能做一個最普通、勉強畢業的研究生而已。

從這個角度來看，任何我們已經得到的結果，既「不值一提」，也應該「不屑一顧」。當我們面對未來，面向未知，迎來新的問題時，會發現做的事越多，需要解決的問題也越多。新世界總隨著探索的深入而不斷展開，新的挑戰始終源於成功面對了上一個挑戰。

這幾年，「第一原理」很紅。在我看來，教授就是用第一原理思考科學領域的問題，而在外人看來，他好像總在不停跨界創新。但實際上，當你抓住了領域裡最前端的科學問題，剩下的就是不停解決問題而已。

雖然教授沒有在科學研究上直接指導我，但是在求學過程中，他以一則網路動態，振聾發聵般給我深刻的啟示。一直到今天，每當我在工作上取得新的進展，內心有一點小驕傲的時候，這句話就會像核彈一樣，在我的認知空間爆炸，警醒我不要沉緬於過去。

無論在任何領域，我們都可以把從業者按照專業水準的高低來排序，形成一個數軸。每個人都是數軸上的一個點。往無限大的方向看，總會發現更多比你優秀的「點」，不禁感到壓抑。如果往無限小的方向看，也總會發現有人不如你，這讓你感覺還不錯。我們可以選擇自己想要的感受，只要往不同的方向看即可。不過，如果持續行動，追求進步，那麼就要不停向無限大的方向移動，一點點成長。

的確，在成長的道路上，如果我們能持續把已經取得的成績當成過去式，在此基礎上不斷開拓新成果，不管現在的成績多麼耀眼，都可能只是未來成績的十分之一、百分之一甚至千分之一。

我聽那位博士研究生室友說，教授的研究成果轉化應用，已經惠及全球幾億人，這些其實是持續行動幾十年的成果。我們如果才剛開始做一件事情，持續行動了十天、一百天，相較於以前的自己，可能已經獲得了不小的進步。但是不管進步有多大，突破有多令人欣喜，永遠不要忘記，更廣闊的風景在前方。

我們可以適當休息片刻，給自己一個小獎賞，剩下要做的就是趕緊上路。畢竟已經有人告訴你：「凡是能得到的，我都不屑一顧。」

如果生活值得過，就值得記錄

我喜歡寫作，不過，我理解的寫作和普遍意義上的寫作，不完全一樣。它既不是文學創作，也不是用於變現的新媒體寫作。文學創作有點像架構一個虛擬世界，作者的描寫就是看世界的鏡頭，透過人物的塑造、情節的推進、細節的打磨、視角的切換，引導我們看到一個不同的世界。假如我們跟著故事情節走，每個細節都會湧現出不一樣的體會，而這些體會，就是作者希望帶給我們的。新媒體寫作的特點是持續抓住讀者的注意力，針對社會焦點話題或讀者關注的週期性話題（比如前往大城市還是留在小城市生活、努力奮鬥還是享樂），從不同的角度展開討論。當有夠多的人閱讀轉發，就可以在文章中插入廣告、夾帶商品，從而達到商業變現的目的。

我採用的寫作方式是記錄複習，和自己對話，把思考呈現在紙上，然後跳出來分析，再把分析的過程和結果寫下來。這種寫作方式很像考試解題，不僅要得出一個答案，還要把解題過程寫出來。如果你解過數學題，就會知道解題過程不寫在紙上，思緒容易混亂，思考會出現盲區。一旦寫下來，就可以站在高處審視問題。

如果寫作只是單純為了記錄，就會變成流水帳，只有加上分析，才能注入思考的靈魂。只有思考，新的想法才能從腦海裡生長出來。這樣，寫出來的文章，不是拿來變現的內容產品，而是如實的記錄以及深入分析。這有點像做實驗，為了搞清楚一個科學問題，要先設計實驗內容，記錄操作的步驟，觀察並蒐集足夠的實驗資料，最後還要分析這些資料，得到結論。但光有結論還不夠，要把這一次的結論和之前的結論進行分析，看是加強還是修正了原有的觀點，或是有了新的觀點。

當這過程結束以後，大腦就像經歷了一次大掃除。原本，各種想法雜亂的擺在大腦的房間中，透過書寫來逐一清理，地掃乾淨了，窗戶擦得透亮，物品擺放得整整齊齊。同樣的，一篇文章寫完，煩惱沒有了，情緒平復了，問題解開了，結論明確了。這就像和自己開一次會，確定了議程，最後形成文字紀錄。接下來你要做的就是帶著這些決議去執行。

我曾經分享過一則可以加倍提高求職成功率的建議。每次面試結束之後，一定要認真把全部面試流程記錄下來，然後盤點總結這次面試，梳理回顧自己在哪些方面表現良好，下次繼續保持，在哪些方面表現得不夠好，下次怎麼改進。只要堅持這麼做，隨面試次數的增加，求職的戰鬥力會爆炸式提升。但是我很少見到有誰的面試能力實現爆炸式提升——很多人聽了我的建議後，認真盤點，解鎖一些求職技能，參加了不過三、五次面試，就找到心儀的工作，不再需要去面試了。我曾經期待自己能培養一位「百面 offer（錄取通知）殺手」作為教學成果，這個願望一直沒有實現。但是轉念一想，如果能用更短的時間、更少的面試次數就找到好工作，不必拿那麼多 offer 也無妨。

寫作的力量是強大的，其強大之處在於清醒的認識自己。週末午後，安靜的坐在桌前，慢慢把想法一點點展現在文章裡。陽光透過玻璃照在牆上，調成靜音模式的手機在遠處，寫作的世界裡沒有雜訊，只有流淌的思想和跳動的文字。不管是用紙筆還是用電腦，在完成一篇文章時，你就具備了審視自我的能力。

寫作可以從兩個方面改變我們的情緒狀態。一方面，寫作是行動，行動能改變態度。你寫作的時候，其實是在整理自己的情緒。寫著寫著，眉頭舒展，焦慮被平復，不再糾結。另一方面，寫作能轉移注意力。當你一句句寫出來，在字裡行間提出問題，專注點發生改變，歸因方式也會隨之變化。有了不同的視角，原來的情緒困境被打破，心情自然也會不同。

每天記錄，行動留痕

在我的社團裡，持續號召成員完成每日記錄和每週盤點。每日記錄的作用在於記錄一天內完成的主要事項，而每週盤點的意義在於回顧一週的任務完成情況。不過，很多人不理解每日記錄的意義，要不認為每天發生的事情過於瑣碎，要不就相信自己能靠腦袋記住。

的確，有些時間管理方法教導人們要把時間管理精確到分鐘的單位。但是這種屬於高階玩法，普通人、尤其是職場菜鳥要做到這個程度，實屬不易。古代有專人記錄皇帝言行，叫起居注。但是現在，你再厲害也做不了皇帝。精確到分鐘等級的時間管理，需要外界因素的配合，比如團隊和環境。

記錄很重要，但是一開始沒必要把時間的記錄精準到分鐘級別，所以更沒必要拿記錄繁瑣當藉口而不記錄。當然，在時間控管能力提升了以後，你可以嘗試用更精細的微度來管理時間，比如從一天縮短到一小時，從十五分鐘到一分鐘。時間的細微度越精細，越需要有人來協助抵擋一些不可抗力的影響。從這個角度來看，那些極致的時間管理者更像表演者。表演者背後必然有團隊，透過團隊的努力打造出這個人設，而普通人單槍匹馬是不太可能做到這樣的。於是，我們總感覺自己做得不夠好，從而想膜拜他們、想向他們學習，進而為此付費。但是要知道哪些能學，哪些學不到。換個角度就能明白。在諜戰電影裡看到特工表現出各種高超武藝——從高樓跳下毫髮無傷、在城市間飛簷走壁、在高速行駛的貨車上打鬥，我們並不會感到自慚形穢，或者非要向演員學習，因為我們知道這背後有特技演員的配合、拍攝技巧的運用和後期製作。

如果你打算每天記錄，記錄主要的三、五件事情就可以。這三、五件事情，是晚上睡前回顧的重要線索。每天工作完成後，在書桌前打開檯燈，翻開紀錄，回顧一下當天做這些事情時的狀態，再簡單規畫第二天要做的事情，寫下一些想法。

這個過程耗時不長，五到十分鐘即可完成。這樣便不會有很大的壓力，也不會找藉口不去完成。做這件事的好處是引導我們從繁瑣的生活中抽離出來，站在更高的角度看自己。你能更冷靜、更理智的看待自己。這一天的情緒感受，就像橋下的流水，也許水很深，也許流得急，即使濺起浪花，也不致於造成特別大的影響。一旦能夠冷靜、理智地處理工作，大腦就會有更多空間反芻一天的所見所聞，還會注意到之前忽略的地方。白天的經歷像電影畫面一樣從腦海中閃過，新角度、新細節會湧現出來，思路被打開，認知得到提升。持續每天做這樣一件小事，會讓我們變得更聰明。

在媒體上看到很多成功人士有一些有趣的習慣，有的喜歡跑步、有的喜歡登山、有的穿越南北極、有的喜歡寫書，而且都是在業餘時間做這些事。這些表象背後的本質就是，讓大腦從繁忙的日常事務中抽離出來；一旦抽離，就打開了上帝視角，會產生新靈感。當你沒有足夠的條件穿越南北極，坐下來，拿出小本子，安靜和自己相處一會兒，可以獲得充沛的力量。每天從生活的戰場中撤出，稍停片刻，就像給快沒電的手機重新充電，紅色的電池圖示會慢慢變成綠色，電量滿格。不管是貧窮還是富有，每個人都需要借助一定的手段滿血復活。

當你把本子闔上準備睡覺，告訴自己：「雖然這一天即將在我的生命中永遠結束，但是我從中提取了足夠的智慧，用來面對以後的每一天。這一天在我生命中發揮了重要的價值，我沒有虛度。」持續行動能夠讓我們充分利用生命中的每一天，不停累積，帶著這些財富，穿越迷霧奔向未來。

這樣就能意識到每天鎖定一小時的重要性了。每天記錄，行動留痕，這是一種儀式，是你與繁雜生活之間的隔離圈。隔離圈就是每天太陽升起的地方，就是面對新世界的出發點。

每週盤點，自我修正

每日記錄再加每週盤點，完美至極。每週盤點更側重於提煉出一週內獲得的重要想法和認知。這些認知最終會變成原則。如果你每週都沒有獲取新認知，升級自己的思維，那可能虛度了光陰，要為自己敲警鐘了。

在帶領社團成員閱讀心理學大部頭的時候，發現很多人都會經歷焦慮階段。書的內容有點難，閱讀速度受到影響而減慢時，我還會出作業，題目也不好答。在面對困難時人會自我懷疑，一旦開始自我懷疑，就容易退縮或放棄。從感到困難到決定放棄，這過程一氣呵成，我們可能都沒有意識到這是在為自己找理由。但是，若善於盤點，則有可能察覺到自己的情緒變化，可以在對抗困難的過程中自我修正。不妨對比以下兩種不同的反應。

反應一：這本書太難懂了，我想我不適合閱讀心理學書籍，作業也不會，這幾天太忙了，算了，我放棄吧，以後再說。

反應二：這本書比我想像中要難，內容也和我想的不一樣。心理學原來是這樣，但是我真心想了解心理學，並且相信這些知識很有用，我還是想辦法克服一下吧。畢竟以前沒有讀過這種難度的書，感覺困難是正常的，習慣就好了。實在不行，我就早點起床，多花點時間好了。

人是情緒化的動物。如果沒有記錄盤點，很難意識到自己在什麼時間受了什麼刺激，以及產生了哪些不利於行動的情緒。情緒爆發的瞬間，我們衝動行事，不會意識到做的事情意味著什麼。所以古人才用「盛喜中勿許人物，盛怒中勿答人書。喜時之言多失信，怒時之言多失體」之類的話語警醒世人。意思就是，在非常興奮的時候，不要隨意向別人許諾東西，很可能失信於人；在非常氣憤的時候，不要給別人回信，很可能用詞不得體。

我已經不只一次遇到中途放棄的人在半年後重新找到我，問什麼時候還有類似的活動。倘若你問對方經歷了什麼，他會說：

「剛開始因為感覺困難而放棄，但現在看到讀懂財報的人買股票賺錢了，學心理學的人運用這些知識找到了好工作，後悔自己沒跟上。」當學習的進步最終反映在收入增長上，放棄的人才意識到，逃避的是困難，錯過的卻是未來。假如我們能夠養成記錄盤點的習慣，就有可能依靠內省從情緒的自我覺察中發現異常，及時做出調整，回歸正軌。這種自我糾錯的機制非常高效。既然我們擅長為自己不做事情找理由，那換個角度，也可以刻意做對自己有好處的事情，反正我們總會為自己找到理由。

作為成年人，要對自己的行為負責，沒有任何人有義務修正我們的錯誤。如果做錯了一件事，我們可能會一直錯到付出慘痛代價才能醒悟。朋友不是保姆，因此不能指望在瀕臨放棄的時刻，有好朋友隨傳隨到，守在身邊一起探討人生，挽救我們崩潰的情緒。我們也不能期盼在遇到困難的時候，有好兄弟不辭辛勞跑來陪我們喝酒，給予安慰。哪怕在我們需要的時候，他們都會在場，但是面對生活中的每一天，哪一位成年人不是在負重前行？我們唯一能做的就是掛念的同時保重自己。

一個人如果具備強大的自我修復能力，就不用過分依賴外界的幫助，而能透過自力更生的方式持續升級認知。雖然過程可能慢一些，卻讓人受益匪淺。先照顧好自己，再去關照其他人，這樣的行為模式是健康的。你關心他人越多，獲得的回饋就越多，擁有的社會認可也會越高。

自我糾錯、自我修復的能力，可以透過持續寫作獲得。唯一要做的就是每天在行動的同時，把這些細節與感受寫下來，再加上定期的分析盤點。當你從記錄中提煉出想法，形成結論，就像完成了一次解題的過程。一篇文章就是一次解題，如果能把高考題目全部解出來，全國甚至全世界的好大學，都會向你敞開大門。你的文章不一定會成為爆款，但持續寫作會塑造、見證一個更好的你。

這些記錄會成為成長路上的寶貴見證。如果父母為孩子的每個成長階段都拍照留念，那麼孩子在成年後回顧這些照片時，便會記得自己是從哪裡一步一腳印走過來的。當知道自己從哪裡來，就不會忘記自己是誰，即使有再大的成就也能不忘初心，繼續前進。生活如果值得我們用力活著，那就一定值得我們認真記錄。

我的成長記錄案例

在這裡分享一篇我在持續寫作第兩百天時寫下的文章。這是我對自己的行動盤點，從中可以看到當我堅持兩百天做一件事情的時候，我在思考什麼，獲得了什麼啟發。文章最後會提供現在的解析視角，希望對你有參考價值。

寫給我自己的第兩百篇文章：堅持就是過日子

二〇一四年七月二十日

我還是覺得應該寫些什麼，紀念一下第兩百天的寫作。從新年第一天開始寫作（每天寫一篇文章），到走過第二十一天，走過第五十天，再到第一百天，今天已經更新到第兩百篇文章。用數位標記文章的標題，好處就在於，我能清晰知道自己從哪裡來，走了多遠。

如果說第一篇是做出決定，第二十一篇是自我鼓勵，第五十篇是途中小憩，第一百篇是階段性成果，那麼第兩百篇，我願意將其看作長跑中的一小步。

看上去我並未像往常一樣賦予這個特殊的日子那樣豐富的含義，但是我想說，任何遠大的征程，最後都落在普普通通的每一步上，並且扎扎實實留下每一個腳印。

我們的目標可能是偉大的，我們的宏圖可能是激動人心的，但是通往神聖殿堂的步伐，看上去是單一的、普通的、枯燥的，並且的確如此。

大概兩年前，我曾經在微博簡介中寫過以下話語：以平實的語言敘述生活，把偉大的夢想藏匿於恬淡。那時，我已經依稀的感覺到：所有的宏偉藍圖，不都從點滴而來？

創業者在聚會中呼喊激勵人心的偉大口號，回去後仍然需要打理好公司的日常運轉，做出一個個決策，執行一個個專案，面臨一次次攸關公司生死存亡的挑戰；大公司的經營者，在年度會議上感受各路總裁的戰略部署後，回到工作崗位，仍然需要監控營運資料，分析生產情況，了解公司運行狀況；即使是熱戀中的情侶，帶著再多的山盟海誓步入婚姻後，仍然需要面對柴米油鹽醬醋茶，以及誰刷鍋誰洗碗的問題。

我想，這就是堅持的本質，這就是生活原來的樣子。不斷重複做一件事情，直到這件事情融入你的生活；不斷重複做一件事情，直到你不再感到費力。

如果說前一百天我還在為每一次數字上的突破、每一次里程碑而激動不已，佩服自己不斷克服困難、達成目標的毅力；那麼，在之後一百天的行動中，歲月已經足夠讓寫作這件事情變得稀鬆平常又不可少，因為這已經是我生活中的一部分。

不是說第二個堅持行動的一百天變成敷衍了事，而是透過堅持，我完成了對生活的改進升級。生活2.0版本具有更平穩的表現，更強勁持久的動力，更快的分析處理能力，更大容量的儲存空間……

堅持就是過日子，堅持就是生活的一種方式，堅持就是在平凡處見真章。

從今往後的日子裡，持續行動更應該成為生活中必不可少的元素，你務必在這方面投入時間、投入精力、投入情感，實現成長，抵抗時間的流逝。

儘管里程碑的日子讓人感到歡欣鼓舞，但是在平淡的日子裡，也要耐得住挑燈夜戰的寂寞，方能成就一番灑脫與快意。

這是一種富有力度的堅韌，這是一種靜水流深。

這是一篇盤點感想，寫於二〇一四年七月。在這篇文章中，我首先對過去兩百天中類似的里程碑事件進行回顧，主要集中在第二十一天、第五十天、第一百天。當我把一件事情堅持了這麼久後，覺得有必要慶祝一下，給自己一個正面回饋。但是，到第兩百天的時候，我有了新的想法。

這個想法就是——我都已經堅持兩百天了，早就過了這件事的興奮期，而這件事也成為生活的一部分，往後的生活，每過一天就堅持一天。生活就像無垠的大海，任何翻騰起來的浪花，最終都會在海面歸於平靜，但這種平靜反而是最有力量的。大海有能力翻起巨浪，偏偏深沉如斯，這不就是一種力量的彰顯嗎？那時，我其實還沒有提煉出持續行動的明確概念，也沒有歸納總結出刻意學習的要旨，但是當我把寫作這件事堅持兩百天的時候，對堅持產生了新的想法。

這種新的想法，就是由於長期記錄，自然而然在腦海裡形成的。每一次記錄都是在對自己的行動進行分析和盤點，持續行動刺激新的想法不斷產生，也是順理成章的事情。

五年後，回頭再看這篇文章，相當於在盤點的基礎上再次盤點。這就是寫記錄分析文章的好處，而且文字不會過時。不過時的才經得起時間的考驗。即使現在讀這篇文章，我仍然能感到當時文字的力量，穿透時間的長河，抵達此時的心間。在未來，我會繼續用記錄照亮我的生活。

忙著找方法，哪有時間做事

這幾年我帶領社團開辦了很多英語學習和口譯練習的訓練營。剛開始的兩年，我們的主題是同步翻譯訓練，這是最難的，一群人一起練習國際會議的口譯資料。之後兩年，方向逐漸細化，我相繼發起了筆譯、視譯、複述、口譯基礎、英語聽力等訓練營。最近兩年，我們又在做英語基礎訓練營，比如單字、口語、閱讀、發音等。整體來看，我們是從上往下推進這些事情，先從最高階的能力開始，然後慢慢向下，最後到大眾入門級別。

這幾年累積下來，我們打通了一條從英語初階到同步翻譯的訓練營進階路線。不管你的英語水準如何，我們總有對應的訓練方案。經過這些年的實踐，我發現一個非常有意思的現象——不管哪個階段的學習者，在遇到困難時，總有人會瘋狂的找方法。

比如在英語閱讀訓練營中，一開始會選擇一些比較簡單的文章，成員們感到得心應手，認為自己的英語水準還不錯。之後我們提供更難的閱讀資料，這時，成員們的情緒又跌到谷底。當面對一篇生字量大、主題不熟悉的文章時，不僅要概括文章大意、梳理作者邏輯，還要回答論述題，甚至被要求根據主題寫作，很多人就開始焦慮，坐立不安，甚至懷疑人生。

這時最好的方法就是靜下心來，認真一句句看下去，直到把文章看懂。當遇到有難度的文章，感覺到障礙的時候，代表我們已經走出舒適區。而從不舒適的狀態中走出來，最省事的辦法就是把手上這篇有難度的文章吃乾抹淨，該查的單字查清楚，該分析的句子分析好，該梳理的邏輯弄明白。雖然會消耗很多時間，但是當你徹底搞懂一篇文章時，會獲得完全不一樣的體驗和認知。一是你攻克了一篇有難度的文章，更有信心，二是你會抓到一些套路。如果有心，可以多理解幾篇同等難度的文章，這個難關就被你破解了。這種模式下的學習效率最高，雖然一開始會顯得比較笨。我的英語晨讀發音課後來就採用這種模式。

大學期間的一個暑假，我在準備英語高級口譯考試。對電腦專業的學生來說，考口譯簡直是跨界找罪受。我一開始很不適應筆試閱讀題目，摸不清套路，做題超時，錯誤很多。我很痛苦，為了攻克這個問題，在自習室花了一整天時間，把一份考古題的四篇文章從頭到尾徹底理了一遍，從生字釋義到文章結構，從作者觀點到題目設計。在攻克了這四篇文章之後，我對這題型的理解程度有所上升。之後如法炮製，又專注練習了幾份考古題。不到半個月，我的閱讀準確率已經大幅提高。考試時，我在閱讀拿了滿分。

這種暴風式破解法特別好用，然而我在英語閱讀課上卻看到另外一番景象。很多人在閱讀時遇到困難，就馬上打開網頁搜索「遇到看不懂的文章怎麼辦」「什麼閱讀方法效率最高」，指望有一個方法能馬上幫自己解決難題。網路上學習方法出奇的多，有人以此為生，專門負責生產各種方法，發布至各大網站引流變現。那些在閱讀英語文章遇到困難的同學看到了，就像找到救星。

當你收藏了提高閱讀效率的方法，又看到背單字的方法，於是又收藏一下，然而還有練英語聽力的方法、寫出好文章的方法、賺錢的方法……收集方法的路徑就像逛購物網，本來只想買條電源線，結果卻下單了全套智慧家居產品。很多學習者會進入「提前滿足」的誤導區，看到很多學習方法，彷彿看到自己在用了這些方法後就能馬上突破一樣，變得很厲害，不禁滿心喜悅。

一旦花了大量的時間收集方法，就沒有多少心思認真看那篇有難度的文章了，而收集的方法未必有機會使用。透過收集方法產生的快感，比真正搞懂文章帶來的快感來得更快，去得也更快。一旦習慣於提前獲得快感，就沒有動力再面對真正的問題了。

在閱讀很難的資料時，要做的無非就是少一些情緒波動，多一些實際行動。認真搞懂一篇文章，要比不停想「用什麼方法效率高」好。執迷於找方法的想法才會讓你繞遠路，如果真能硬碰硬啃下幾塊骨頭，好方法會從腦海裡生出來的。

當遇到學習問題時，很多人的第一反應是看看有沒有什麼好方法。方法固然重要，但是我們並不知道怎樣去判斷什麼是好方法。在很多人看來，如果一個方法可以在不費力的情況下解決問題，就是好方法。但這根本就不是方法，是騙法。如果你看不懂一篇文章，會有一種方法讓你在毫無痛苦的情況下立即看懂嗎？十月懷胎，你有方法能讓孕婦一個月生下寶寶嗎？如果長時間沒使用大腦，你能指望在短時間內開發出所有潛能嗎？如果三年沒有認真讀書，你能指望自己一週就完全理解一本經典書嗎？

在這個時代，學習問題似乎變成了信仰問題。有人堅決相信世上一定有好方法讓人輕鬆無痛的學好任何事，只要有方法，哪怕要用一生去尋找。我根本不相信這套說辭，我只相信如果你想獲得啟發、實現突破，就必須付出相應的、甚至更大的代價。

當你相信只有方法才能帶來改變，會花太多時間尋找所謂的「好方法」，而無暇顧及真正要解決的問題。早期，人類不了解醫學原理，在遭遇疾病時，選擇用巫術和祈禱幫病人康復。現在，如果你得了流感不去治療卻找人做法，就真的有病了。

面對學習上的困難時，最省事的方法就是直接面對問題，解決困難。我們要有勇氣，不害怕恐慌，把不懂的弄明白。大多數人學的並不是人類科學先端的知識，只不過是複製前人已有的發現。這很安全，沒有太大風險，所以只要告訴自己「別害怕，往前走」就行了。不害怕困難，持續行動，方法自然會出現。如果你看不懂一篇文章，最簡單有效的方法就是把每一個不懂的地方搞懂。一開始會消耗大量的時間，但要相信，一切都是值得的。

中國央視的節目《大家》，有一期採訪核子物理學家、錢三強夫人何澤慧。在談到和錢老師一起發現重原子核三分裂與四分裂現象的時候，何澤慧說：「你要發現東西容易得很，做工作細緻點就成了。誰都會發現。」主持人問：「您是怎麼發現的呢？」何澤慧馬上說：「看見了就發現了。你在那檢查出有什麼東西，你就可以發現。每個人都可以發現好些東西，除非你一天到晚不動腦。」

世間萬物沒有那麼多故弄玄虛，你要做的就是讓自己看見。當你看見的時候，自然就發現了。到時候，就會有很多人來問你：你用的是什麼方法？教教我吧。

時間管理不是買小本本

在社區經常看到家長帶著孩子散步，有的孩子還在學走路，有的剛剛會說話。家長們不忘和孩子聊天，眼神中透著無限寵愛。看著這些可愛的孩子，我不禁感慨：寶貝們，這是一生中最無憂無慮的時期，什麼都不用操心，可惜慢慢長大卻可能記不得這段時光了。

時間管理得不好？買小本本吧！

我覺得人生的真正開端，或者說人生的轉折，其實是從進幼稚園開始。那一刻，一個人需要面對家庭以外的「社會」，做「不得不做」的事情。

進入幼稚園的那一刻起，在家裡肆無忌憚的日子就結束了，要接受外界的安排。從上幼稚園起，我們就有做不完的事情。等我們走向職場，差不多是二十年後了。按理說，這二十年應該累積了大量應對外界環境的經驗，知道怎麼管理好自己。實際上恰恰相反，絕大多數職場人士都會面對——要做的事情太多，而時間太少，事情永遠做不完。尤其是當我們想改變，想持續做一件事時，生活的干擾就會變成夢想的殺手。當干擾太多，要做的事情太多，很多人自然會想要找方法。學學時間管理吧！於是看到時間管理導師在遠處對你微笑招手。

現在市面上有很多人可以教你如何管理時間，有人甚至以此為生，形成完整的產業鏈。不管怎麼樣，時間管理在行銷上做得很成功，以致於我們認為，如果在生活中遇到困難，便可歸咎於時間管理做得不夠好。學習如何管理時間，便成為非常熱門的話題。當你開始學習時間管理的時候，一定有人教你要把平時如何使用時間記錄下來。這個沒錯，很多時候我們根本不知道時間浪費到哪裡去了。但是當你準備開始記錄時間並諮詢時間管理導師時，時間管理師會拉開一個大抽屜，裡面放滿了五顏六色的小本本。你恍然大悟：原來時間管理是一門大學問，需要買不同的本子用在不同的場合。

於是你以為買不同的本子，在上面寫寫畫畫，記錄自己的生活，就是時間管理。你買到漂亮的小本本，非常興奮，立刻覺得自己的時間管理一定會非常有序，一定會走向新的輝煌人生。在你用小本本記錄生活的時候，時間管理導師不停研發新產品，有的本子專門用來記錄運動，有的本子專門記錄夢想清單，有的本子專門為新年計畫服務，有的本子專門記錄你看了哪些電影……

品種越出越多，越來越漂亮，你每一本都想買，每一本都要蒐集。很快就會發現，書櫃裡除了有一堆未拆封的書，還有五顏六色的小本本，不少只是寫了開頭而已。時間管理對你而言，變成了買本子的遊戲。每當感覺時間管理做得不夠好的時候，你就去買新的小本本，告訴自己這是新的開始。你很開心，教你如何管理時間的導師也很開心。

這樣一來，時間管理就變成一門生意。本來打算學習時間管理的你卻成為小本本愛好者，不過好在本子也不貴。任何帶來短暫愉悅體驗的事，都有可能讓人上癮。你可能只是沉迷於買小本本獲得的即時滿足感，避重就輕，忘了初衷是學習時間管理。

持續買本子能讓我們做好時間管理，突破困境嗎？如果可以，那我一定開一家公司。這世間有很多事情可以管理，就只有時間沒法管理，因為時間具有一維性，無論你管或者不管，它都一去不復返。我們能管理的不是時間，而是在時間長河的流淌中，能做些什麼事情，怎麼做事情。

時間管理的前提是什麼？

時間管理的最佳狀態是什麼？如果一個人在時間管理方面做得特別好，會帶來什麼結果呢？時間管理得再好，事情也得一件一件的做。這聽起來是不是有點像持續行動？我們做一件事情，持續每天做下去是持續行動。我們做好一件事，再做第二件，再做第三件，這也是持續行動。

而有意思的是，沒經過刻意練習，很多人無法堅持做一件事。在做完一件事情之後，很多人往往要休半天慰勞自己，平復好情緒才開始做第二件事。如果一個人能心無旁騖的做事，享受完成一件又一件事情的樂趣，才不會有時間管理的困擾。

時間管理核心就在「管理」這個詞。管理在什麼時候能發揮最佳效果呢？規模大小，決定了管理的效果。如果一家公司只有五個員工，大家坐在一起辦公，抬頭說話就能把事情溝通好，管理能力不會是核心競爭力，賺錢能力才是。如果一家公司有三千名員工，但是缺乏良好的管理體系，那麼隨著公司規模越來越大，公司垮掉的風險也就越高。

如果你想管理一群人，有一個重要的前提——每個人都能獨立工作，搞定自己的事情，如此團隊合作才能達到預期的結果。當你無法按照計畫執行任務時，問題並不在於時間管理的方法對不對，而在於如何才能按期完成為自己安排的任務。

如果你的行動力提高了，有能力完成一項又一項的工作，那麼這時你便可以思考：我做什麼、不做什麼，先做什麼、後做什麼，以及哪些事情可以由別人來做。從這一刻起，管理對你而言才具有非凡的意義。

做得多，自然就知道要怎麼做

目前來看，時間管理逐漸變成一種為人提供確定感的儀式。當你把本子打開，在上面記錄每天精確到分鐘單位的行動計畫時，就會感到心安。然而，單純的記錄不會帶來進步，精確到每分鐘要做什麼事情，反而會讓人陷入困頓。當你進入教室準備上課，誰會在乎你先跨哪隻腳呢？時間管理的最終目的是完成目標，這才是努力的方向。完成目標又涉及另一個問題：應該制訂什麼樣的目標？

如果認知不準確，制訂的目標可能也不合理。新手通常貪大求全，在一開始就制訂幾乎無法完成的目標，根本意識不到問題。判斷不準確導致目標不合理，不合理的目標帶來執行的問題。一旦在執行過程中出現問題，我們就會懷疑自己，不得不停下來、調整情緒，以致後面的計畫又被擱置，無法持續行動。就這樣，形成惡性循環。

怎麼辦呢？少搞花樣，多做一些事情。

還是應該先做好一件事情。當我們能夠做好一件事，並且透過一件事情強化對時間的感知時，就會更加敏銳。如果每天都能完成這件事，那麼在持續實踐的基礎上，對於時間管理的理解會湧現出來。這時，你自然會成為一位優秀的時間管理者，而且時間管理方法是一點一滴累積起來，並經過行動驗證的。透過持續行動，知道什麼事情要花多長時間做完，形成了一條精準的時間線，於是就能漸漸排出自己的日計畫、週計畫、年計畫，甚至人生計畫。

說到底，當一個人可以合理規畫自己在什麼時間做什麼事情，順利完成所有安排的事情時，便足以做到心中有數，而不是病急亂投醫，盲目尋求別人的指點。

時間管理的上限是體能

成年人的世界，充滿了意料之外的情況，這些都會對計畫形成干擾。這些不可控因素，就像重力一樣，無法避免。不要被網路上的一些時間管理達人營造出的人設誤解。每天在網路上用精美圖片展示自己在做什麼，也是要花費時間的。假如真的在時間管理方面頗有心得，未必捨得花時間在網路上打造展示的一面，除非你打算以此謀生。當一個人最終成為一名職業的時間管理導師，成為時間管理表演者，專門管理時間給你看時，這些時間管理經驗，也許就沒有那麼大的參考意義了。

晚上加班後，必然會覺得第二天早起很困難。但是，時間管理導師如果第二天要早起，可以在前一天讓員工加班，自己早點睡覺。要知道，當一個人為人設而活的時候，有點像演員在表演。在看表演的時候，我們最好知道哪些是演出來的，哪些是真的。

如果你想提高自己的工作效率，與其研究別人的時間管理方法，不如研究一下自己在做完第一件事情的時候，是否有體力做好第二件事。同時，在做第二件事情的時候，能不能同時安排其他人去做第三件事？在做完第三件事情以後，第四件事的結果是不是已經出來，並可以檢驗了？

更關鍵的一點在於，怎樣讓自己在做以上每件事的時候，不走神，保持情緒穩定。如果能意識到這些問題，就會發現最終限制你獲得成就的，其實是體能。假如沒有意識到體能是決定成就的上限，那就代表你不需要時間管理，也不需要買一堆本子，而是必須趕緊把一件事情先做好。要知道，對於某些成年人來說，沒有「拚命努力」的說法，不走神就算拚命了。

此外，如果個人的時間管理能力已經開發到極限，卻還要做更多事情，就要利用團隊協助完成。這已經不再是單純的時間管理概念，而是一個如何透過配置資源達成目標的問題。對於那些連一件事情都做不好的人來說，這問題過於遙遠，也就沒必要現在操心了。

當你做的事情夠多、堅持的時間夠長的時候，會發現有沒有小本本根本不重要，哪怕給你一包A4紙，你也能管好自己的時間。

做正確的事情，結果也不一定對

二〇一五年我在上海出差，人生中第一次遭遇航班取消，原因是飛機發生機械故障。深夜，當登機口突然廣播宣布航班取消時，沒有工作人員出現。一群人吵了半天發現沒人理會，於是垮著臉退出安檢區，回到大廳繼續與值班經理理論。值班經理最終安排一輛大巴把我們送到機場附近的飯店過夜。第二天早上，再自行乘坐大巴回到機場。來回折騰一個晚上之後，航空公司賠了每個被延誤行程的人一千元。

這件事情給我留下極深刻的印象。原以為航班取消、機場留宿是機率極小的事件。那一年我經常坐飛機，才突然明白過來：常在河邊走，哪有不濕鞋，經常坐飛機，總會在機場過夜。

經歷過航班取消而在機場過夜的人，是不是就不再坐飛機了呢？你一定會想，這是偶發事件，不影響繼續搭飛機出行。我也是這麼想的。二〇一七年，我在中國十一個城市舉辦活動的時候，又遇到了兩次航班取消的情況，並且都在機場過夜……

大腦是貪得無厭的意義製造者

人有一種思考習慣——從複雜的事情中找到簡單、可歸納的特徵，然後馬上記住這個特徵，用來應對複雜多變的環境。從這個意義來說，大腦是貪得無厭的意義製造者。我們不停為自己尋求意義、製造意義。

但是，很多事情是偶然的、隨機的。如果你拋出一枚硬幣，結果可能是正面，也可能是反面，在結果出現之前誰也無法預知。很多因素影響硬幣最終的正反面，我們既感知不到，也無法掌控。如果非要搞清楚航班為什麼取消，那麼惡劣天氣、機械故障、交通管制，甚至有人往發動機裡扔了一枚硬幣，都是可參考的原因。事物的聯繫具有普遍性。當有太多事情影響一件事的走向時，不得不注意偶發事件的作用。當你持續做一件事情時，持續的時間越長，越有可能遇到偶發事件。

然而，大腦太希望為每件事情尋找意義。當偶然發生時，我們按捺不住衝動，非要為這些偶發事件找到一個解釋。這些偶發事件雖然是偶然的、隨機的，但由於特別顯眼，便搶占了我們的視線，讓注意力跑偏。這樣一來，我們不僅會忽略占主導地位的非偶發事件，還得花費大量時間解釋少量的偶然。

聽說有人不喜歡你

你可能在網路上關注過一些意見領袖，俗稱KOL或網紅。有的網紅經常轉發一些攻擊性言論，並在轉發內容中反駁。網紅把攻擊者的言論轉發出來並號召粉絲群起攻之，有種斬首示眾的意味。這樣做到底對不對呢？

如果一個人在網路上持續發聲，只要時間夠長或影響力夠大，就一定會有遭人攻擊的時候。像我這種具有一定閱讀門檻的個人帳號都會受到攻擊，更不要提那些粉絲數量在百萬、千萬的人物了。哪怕你文章寫得再好，互動再有禮貌，仍難免遭到攻擊。一個人在網路上攻擊另一個人是沒有門檻的，甚至可以用萬能句型罵所有人，省心省力效率高。長期在網上輸出內容的人，遭到攻擊就像遇到航班取消一樣是偶發事件。

如果我們非要解釋偶發事件發生的原因，相當於強行為偶然賦予意義。網紅把攻擊性言論轉發示眾，就是在為自己遇到的偶發事件製造意義。製造意義能讓一個人獲得快感，但是獲得快感就要付出代價。代價就是沉默的支持者和不了解真相的中立人群會看到很多攻擊性言論，一方面懷疑這些網紅的口碑差、攻擊性強、不太友好，另一方面可能跟風攻擊。

網紅把攻擊性言論轉發出來，昭告天下，其實無形中也在傳遞一個訊息——只有攻擊才能獲得關注。那些認真留言的人發現自己還沒有攻擊者獲得的關注多，就會降低參與度。而且公開回應攻擊，反而會吸引更多攻擊。好好說話你不理，那就只好罵你囉。所以，對於攻擊，最好的辦法是悄悄處理，不回覆，刪除或封鎖，這樣頂多噁心自己、影響自己，卻能造福萬千網民。

這種靜默的處理方式表達的含義是，我們願意「接受」攻擊和謾罵。注意，這個接受不是願意挨罵，而是我們接受當一件事情持續的時間越長越容易出現偶發事件。同時，對於會出現什麼偶發事件，心裡也要有數。

在網路上持續寫作，如果你的受眾越多，影響力越大，那麼就越被認可。但是，當影響力擴大，邊界擴大，邊界線拉長時，必然會面臨局部的負面評價。再小的概率乘以龐大的基數，得到的結果也不容小覷。如果有十萬人看你文章，其中萬分之一的人不喜歡你，那麼就相當於十個人在文章下方的留言區罵你。偶發事件出現的時候，我們的大腦就會想方設法尋找意義，比如透過解釋尋求認可，或者與對方相互攻擊等。其實，如果你能做到只被那萬分之一的人討厭，已經非常難得了。想想在一間只有幾十人的辦公室，都可能會有不喜歡你的同事，網路上一萬個人中有一個不喜歡你的人，已經算是「一枝獨秀」了。

接受錯誤才能減少錯誤

應付偶發事件最好的方法是，接受偶然的影響，接受無法掌控的事情發生。再進一步，你甚至可以理解為世界的運行出現錯誤，但是必須接受它，才能減少錯誤。我們並不追求被網路上每個人喜歡，只有這樣才能獲得更多人的喜歡。當然，我們一定要喜歡自己，這樣就能保證喜歡我們的人會多一個。

很多人並沒有認識到這一點，他們不允許自己喜歡的事物有半點瑕疵。當你在網購時看到負評，然後糾結要不要下單的時候，這種現象尤其明顯。很多人本來看好一件商品，卻因為有幾個負評突然覺得掃興，而想找其他的，結果發現每件商品的評論區都有負評。我十年前就幹過這樣的蠢事，為了替相機選一個包，花了一個上午反覆糾結款式，因為每個款式下面都有幾條負評。記得那時我挑的相機包也就一、兩百元，卻花費那麼長時間選購，現在看來簡直愚蠢無比。所以你看，如果認知沒有升級，我們就會按照原始的驅動做事，而這未必是最高效的。時間寶貴，現在我不會再犯這樣的錯誤，所以連相機都不買了。

稍微動腦筋想想，如果一件產品銷量高，好評無數，負評一個也沒有，你不覺得其中有詭嗎？池塘裡的水特別清，一條魚都沒有，甚至半點微生物都沒有，代表水有問題。菜市場裡的蔬菜葉上沒有蟲子咬過的洞，除了栽培技術好，更有可能是噴過農藥的。一個演員長得好看，戲拍得好，年紀輕輕還有博士學位，即將去最高學府進行博士進修，這種完美人設一旦塑造出來，也就面臨隨時崩塌的風險了。如果不讓別人看到任何瑕疵，刻意營造完美人設，那他們會幫你找到你身上的瑕疵，因為大家也要為這種完美人設尋找意義，而意義就是人無完人。

我們做的事情越多，影響力越大，接觸面越廣，必然會遇到各式各樣的偶然情況。我們一定要接受的觀點就是，不管做什麼都有可能犯錯，而且做得越多，越有可能遇到隨機事件，越有可能得到預料外的回饋，犯錯的可能性也越大。我們的能力有限，時間有限，精力有限，而外在的世界是無限的。

雖然飛機航班會取消，但我們仍然要出行。只要一件事情總體上是正確的，從長遠來看對我們有利就值得去做，也值得我們接受其中的錯誤。

什麼才是做正確的事？

既然偶發事件總是會出現，不可避免犯錯，可以得出結論：即使選擇了一條正確的道路，也可能不會一帆風順；我們可能運氣不好，手裡最開始拿的都是爛牌。

即使做正確的事情，也不可能得到的都是正面回饋。這就像買股票，假如認真研究一家公司的財報，選準時機買入，即使你再看好這檔股票，也不代表一買股價就會上漲。在多數情況下，只要股價向下波動，我們會立馬虧錢。但是如果你確信這家公司的財報良好，公司前景光明，即使現在虧損也不著急賣出。因此要思考以下問題：

當我們做正確的事情，或者做以為正確的事情時，如果一開始完全得不到預期的回饋，該怎麼辦？

擴展一下：如果我們做正確的事情，一開始得不到預期的回饋，在做錯誤的事情時，一開始也得不到預期的回饋，該怎麼辦？

再極端一些：如果我們做正確的事情，一開始得不到正確的回饋，做錯誤的事情，反而立即得到正確的回饋，那麼我們會選擇做什麼樣的事情？

如果你不太理解以上假設，可以把「正確的回饋」替換成「賺錢」，而「正確的事情」理解為按認同的價值觀做事，而「不正確的事情」理解為按不認同的價值觀做事。也就是說，如果你堅守自己的價值觀，在短期內就賺不到錢，而不堅守價值觀，在短期內卻很容易賺到錢，那麼你會怎麼選擇？

你會發現，在面對這些問題時，並不是所有人都有同樣的答案。價值觀決定未來的方向。作為持續行動者，我們要做的事情是最大程度的發揮認知能力，明確堅持的事情，克服最初未達預期的回饋帶來的困擾，最終和時間做朋友。這難度非常高，尤其當你在做一件自認為正確的事卻沒有得到任何回饋，而其他人做你不認同的事情卻每天都得到回饋的時候，內心會極度煎熬。如果堅信自己的價值主張，你要做的就是利用所有的資源，把自己認同的事情做好。

兩年前我經歷過一次焦慮，當時文章無法獲得很好的點閱率，甚至讓我懷疑自己的文章沒有價值。那個時候，知識付費剛興起，很多人都說自己利用下班後的時間賺錢，輕鬆月入數十萬元。我也希望像他們那樣叱吒風雲，被很多人知道。甚至開始嘗試改變寫作風格，模仿那些討好讀者、迎合讀者的文字。相信那時關注我的人，能感覺到我在探索與嘗試。但我寫不出那樣的文字，一邊寫，一邊在內心嘲諷自己，當時心理有點扭曲。更關鍵的是，我的讀者不喜歡那種風格。

後來，站在持續行動的角度上，才明白過去會對現在產生影響，並且影響將來。過去我是怎麼做的，所吸引的讀者和受眾願意接受什麼，很大程度決定了將來走向什麼方向。而我要思考的是以什麼樣的價值觀，引領自己走向什麼方向。沒有人能代替我做決策，只能靠自己的行動驗證。

我是一個熱愛思考、不怕辛勞、願意付出大量時間和精力學習和行動的人，我的文字風格也體現了這一點。而我相信，所有人都需要經過密集的思考和大量的行動才能成長。既然我認為這是一件正確的事情，那就不需要考慮別人做了什麼，得到什麼樣的結果，賺了多少錢。我只要把自己認為正確的事情做到極致就好。所以，我必須團結已經團結的人，帶領這群人取得更大的突破。如果我改變風格，那到底是為誰改變？又是在討好誰呢？想明白這些問題，我在後續的營運過程中，繼續保持既有的路線，不斷開拓新領域，打開視野，升級認知，並且帶著更多人讀了更多的經典書籍。然後才發現，自己的影響力比之前更大了，吸引的受眾水準也更高了。

在網路領域，支付寶曾經想開發社交功能，透過社交提升產品的活躍度。為了實現社交的野心，支付寶曾經把介面改成和微信差不多的樣子，甚至在二〇一六年推出交友功能，卻暴露出很多超過尺度的照片，社會輿論一片譁然。從二〇一七年開始，支付寶放棄社交，開始專心開發各種支付功能，涵蓋不同的支付場景，比如轉帳、乘車、加值。有意思的是，在放棄對社交功能執念的兩年後，支付寶的月活躍用戶反而翻了一倍，變成全世界最大的非社交移動應用程式。這也印證了持續行動的道理，當你能透過持續行動做好一件事時，反而能做更多事。

盤點支付寶和我的案例，還真能找到一些有意思的共同之處：

案例一：支付寶就是透過支付功能來塑造自己，也是用支付功能來改變世界。但是支付寶為什麼會有對社交功能的執念，可能是因為看到社交的力量，或者看到微信發展太快而感到焦慮。在瘋狂開發社交功能的時候，支付寶忽略了自己作為支付工具的力量。放下對社交功能的執念就是一次迷途知返，畢竟兩年後的結果證明了這個問題。當我們使用支付寶的時候，第一反應是它的支付功能。當我們使用微信的時候，最先想到的是找人。支付寶就是支付寶，有自己的價值所在，並不是說非要讓用戶在支付寶建立微信那種溝通模式才算成功。接受錯誤才能減少錯誤，支付寶接受了自己是支付工具，接受了自己不是做社交的料，按這方向走下去，最終還是獲得了成功。

案例二：我的網路社群最開始的定位就是英語學習、口譯訓練、認知升級以及個人成長。文章風格是深度思考，「硬核」式冷靜。這意味著不可能有煽動情緒的文章，也不會有蹭社會熱度的文章。我看到其他人的文章傳播得很快，也曾有過焦慮，於是也想試著變成其他人的樣子。當讀者打開我的文章時，期待的是具有深度的思考和啟發，這就是我在讀者心中的價值。這價值並不應該因為沒有人看而遭受懷疑。如果人要成長，就必須經歷深度的思考與持續的行動。只不過真正要成長的人，並沒有那麼多。接受錯誤才能減少錯誤，我只有接受自己的文章有觸及不了的邊界，才能夠做好自認為正確的事情，並心甘情願為之付出代價，忍受辛勞，長時間「坐冷板凳」。

經過兩年，我所做的事情越來越受人歡迎，參與我們社群、共同行動的人也越來越多了。

如果我們做一件事時得到正面回饋的速度沒有那麼快，那麼此時就是考驗信念和認知水準的時候。首先，要判斷這件事到底正不正確，其次，要克服困難把事情做下去，直到做出結果。這就像做考題，必須先解答再去核對答案，而不是一邊解題一邊看答案。在解題的過程中，可能會因為複雜的計算問題而懷疑自己。當然，如果靠自己解答出來了，就知道自己的思路對了。

然而，並非所有正確的道路在開始時都是一馬平川，有的道路甚至布滿荊棘。如果錯誤的道路一開始一帆風順，其潛在的風險是巨大的。試想一下，網路上經典的詐騙套路不就是讓新手在賭場玩第一把時賺到錢，然後不斷誘騙新手投入更多的錢。如果身處一切都是假象的騙局，縱使收益再多，最終還是免不了上當。

在持續行動的道路上，當我們走了一百天，經歷種種波折卻得不到正面回饋的時候，要相信這仍然是好的開始，因為磨難會讓我們在起點打下一個非常扎實的基礎。

第三章
競爭壁壘是如何形成的

1000天

為什麼好學生畢業後反而一事無成

從小到大，父母教育我們要好好讀書，否則長大後沒出息。我在快讀完小學的時候，參加了升國中的考試。如果達不到分數要求，就不能上明星中學。明星中學離家近，走路就能到，普通中學卻在郊區山上，實行寄宿制度，每週只能回家一次。我不願意寄宿，於是努力學習，終於考上明星中學。這算是我人生中第一次從競爭中突圍取得勝利。

學生時代的競爭是打小怪練習

學生時期，競爭擺在檯面上，一張試卷定輸贏，成績高的排前面，成績差的排後面。在榜單公布時，家長、老師盯著從高到低的排名，簡直就是一幅百味人生圖。在求學的最初十幾年，我們一次次面對這樣的學業競爭，以至於成年後再看到相關文句還會觸景生情，懷念那段「疼痛」的青春。唯一值得安慰的是，現在終於不用再做這些試卷，而且還能買來送給親戚的孩子。

繁重如山的考試壓力，讓很多學生產生緊迫反應，一朝被蛇咬，十年怕草繩。但是很多人並沒有注意到，考試是簡化版的競爭，大家一起上考場是一種降低維度的公平競爭。所有學生，不管性格、才華如何，都被集結到一條跑道上——兩邊有護欄，顯眼的標識告訴你往哪兒跑，不許越界、不許犯規。誰跑得快，誰就能贏得機會。人生沒有比這階段的競爭更單純、更振奮的了。

出社會後，你會發現競爭升級了，全方位、多維度。沒有人為你設定跑道，沒有人告訴你該往哪走，甚至有人指引錯誤的方向，侵占你的跑道，或者用挖土機鏟斷你的路。社會的競爭是一場混戰，絕大多數人在遵紀守法的框架下發揮極致的智慧，八仙過海，各顯神通。

社會競爭是學校競爭的延續和加強版。面對全面競爭，最好的方式其實是先打小怪，再挑戰高難度的關卡。先用單一維度的競爭當作練習對手，再參與維度更高、更殘酷、更高階的全面競爭。然而，現實生活中，很多人排斥簡單的初級競爭，總希望一步到位，直接開啟高階的全面競爭。還沒學會走路，就想跑起來，生活常識告訴我們，這不可靠。

社會競爭的玩法是：什麼玩法都可以

我經常看到很多人貶低自己接受的教育，不管是中學還是大學教育，然後順帶抨擊國內的教育，而這竟在網路上引起不少共鳴。這有點像一個人在事業上沒有做出成績，卻責怪小時候原生家庭給的尿布不好。有意思的是，抨擊完教育經歷後，這些人會加倍推崇自己的社會閱歷，炫耀自己在「社會大學」取得的成就，再教育年輕人：學校教育沒用，還是混社會比較好。再下一步，他們推出自己的職場課，號召大家一起終身學習。然而在我看來，這些炫耀在社會大學取得優異成績的人，在社會競爭得並沒有那麼好。這就像每個學校周圍都有一些小混混覺得自己就是當地最厲害的人。

校園競爭的跑道固定，大家往同一個方向努力，做得好不好，一眼就能明白。在社會競爭，跑道縱橫交錯，甚至沒有跑道。很難一眼看出來一個人在什麼位置。沒有了參照比較，我們總認為自己跑得還不錯。這和本書開始講的「懂一個道理」有點類似。能不能買得起一間房子是簡單、可衡量的，看銀行帳戶餘額夠不夠支付即可。而你有沒有懂一個道理，卻有很大的幻想空間。

在學校讀書和在社會闖蕩並不是天然對立的兩面。但是，我們習慣將其看成兩個涇渭分明的割裂階段。很多家長嚴禁孩子在大學期間談戀愛，卻希望孩子畢業工作後馬上就能找到好對象結婚。這就是以割裂的方式看問題。如果把問題割裂開來，自然不會發現其中的聯繫。

其實，在學校接受教育和在社會上謀求發展，本質上是一樣的。無論是在學校讀書，還是在社會上闖蕩，都要面對競爭。學校裡的競爭是簡化版、單一維度的競爭，而社會上的競爭是全面的、多維度的競爭。單一維度的競爭，好處是大家只能按照相同的規則行事，只要在規則裡做得好，勝算就高；壞處是如果你擅長的與跑道方向不一致，就會吃力不討好。相比之下，多維度的競爭，並不限制競爭方法，如果能從不同角度看問題，反而可以出奇制勝；壞處是如果不明白社會競爭的玩法，將始終不得要領，舉步維艱。

考場上人人平等，考試作弊就會被處罰。不管你爸多厲害，進了考場不會做題目，也只能發呆。但是當你步入社會，面對求職、置產、結婚等人生選擇，章法完全變了。社會競爭的玩法是：什麼玩法都可以。

十年前的畢業生依靠父母資助在一線城市買房，還會被人斥為「靠爸」。血氣方剛的年輕人認為，靠自己買房才是真本事。但現實非常打臉，大部分說要靠自己的人，收入增長速度並沒有超過房價的增長速度。過去十年，一線城市的發展速度要遠快於大部分人的成長速度。依靠家人資助買房置產的，在經歷了一波又一波的房價上漲之後，資產已經倍增。資產增長，不僅讓人身心愉悅，也為下一步利用金融槓桿繼續擴大資產打下基礎，甚至可以把大筆資產當成「傳家寶」。從資產量來看，在一線城市的生存競爭中，房子就是拉開差距的重要因素。

社會的競爭就是多維、全方位的競爭。更要命的是，你並不知道與你一起競爭的人擁有什麼樣的資源，會從什麼方向以更快的方式達到目的。在一次聚會中，一位朋友半炫耀半認真地說，自己幾經周折終於結交到某位知名的藝術家。當時聚會中另外一位朋友卻拍著大腿說：「哎呀，你不早點說，我們兩家是世交，可以直接把你引薦給他。」

這就是社會和學校不同的地方。在學校，大家都在好好學習的道路上前行。在社會上，你在地上跑，卻發現有人開車、有人坐飛機，甚至有人無視規則，直接把賽場毀掉。

認清競爭環境，及時調整策略

社會上的競爭和學校裡的競爭都是競爭，只是維度不同而已。即便如此，很多職場新人工作時還是沒有章法，時常感到迷茫。可能這群迷茫的朋友沒有在學校競爭過，或是沒意識到競爭環境已經改變。

步入社會後，競爭升級了，但很多人並沒有意識到這一點，仍然沿用學校的競爭思維。尤其是在校成績非常好的學生，仍然認為個人努力和成績好是唯一的晉升標準。當然也有一些人，在學校成績不太好，卻能適應社會的多維競爭場景。大多數時候，你會發現後者取得的成就反而更高。成功的關鍵不在於以前成績好不好，而在於能不能認清社會多維度競爭的本質。

社會競爭中，最終獲得更好結果的人，往往能夠認清社會環境和競爭局勢，並採取相應的措施。誰能先意識到這一點，先發優勢就大。很多人沒有認知到這層面，反而把注意力放在其他的相關變數（比如成績不好但創業成功的案例）上，於是開始構建新的意義，認為「讀書沒用，讀那麼高還是幫有錢人打工」，或是看到一些成績好的人獲得了一份更穩定的工作，相信「高學歷才有安全感」。

如果從競爭的角度來看學校與社會，會發現學生時代的競爭表現與社會上競爭的表現，最多是相關關係，而不是因果關係。重要的是，我們要意識到自己處在什麼樣的競爭環境中。讀書時代的學霸其實是對校園競爭特點很熟悉的人，而在社會上發展好的人，則是在多維度競爭中如魚得水的人。對於學霸而言，如果想在社會競爭中保持優勢，便要消除對原有路徑的依賴，不再認為「只要成績好就萬事大吉」。學生時代成績不好的學生出社會後，更要知道這是一次重新洗牌的機會。

當我們走入社會，以前的成績好不好，都成了過去，面向未來才是更關鍵的。精準感知不同的人生階段中競爭環境的改變，採取相應的策略，你就會成為那個穿越十天、一百天、一千天的「迷霧」，並且持續保持競爭優勢的人。

占時間便宜的人最有競爭力

競爭就像打仗，攻城掠地。捲入戰爭的雙方自然有進攻和防禦之分，但攻防的形勢並非絕對。進攻方深入敵軍，反而容易被圍困，便會由攻轉防。當防禦縱深有力時，防禦方能成功牽制敵軍，從而挫傷進攻方的銳氣，便能化守為攻。

戰場上，借助地形獲得競爭優勢是常見的手段。占領制高點是必要的，若再加上一圈護城河，更是如虎添翼。當你守住險要地勢，背靠深淵，可謂一夫當關，萬夫莫敵，便能以微小的力量牽制敵方，這就是易守難攻。行軍打仗要把陣營安置在具有地理優勢的地方，這個要點也被借鑑到商業競爭中——衡量一家企業的好壞，要看它是否有「護城河」，至少巴菲特是這麼看的。

戰爭一直以來都是空間的較量，而空間優勢並非顛撲不破。當人類發明了飛行器以後，空軍成了新的打擊力量。即使你把營地安紮在高處，飛機仍然可以轟炸該據點。空軍的出現，打破了原有的戰爭格局，瓦解了地理位置帶來的絕對優勢。

在社會上，我們的競爭優勢來自哪裡？是險峻的地勢嗎？我們一直賴以生存的優勢，是否可能因遭遇空軍襲擊而瓦解？

很多人從小到大並沒有思考過社會競爭優勢的問題。只是遵循家長的教誨，好好讀書，考好學校，選好專業，找好工作，娶好媳婦（或嫁好老公），過好日子，待一切塵埃落定後，安靜等待退休。

以前的社會經濟發展節奏沒有那麼快，技術革新也沒那麼頻繁，一份工作做到老是很容易的事情。未來三十年，訊息技術、生物技術持續發展，我們還能像長輩那一代一樣，選擇安靜穩定的生活嗎？我們還可能一份工作幹到退休嗎？前幾年網路上有一段影片很紅，關於取消高速公路收費站，收費站員工失業，因此抗議：「我今年三十六歲了，收了十幾年的高速公路過路費，現在只會做這個，沒有工作，我怎麼養活一家人？」

對於大部分人來說，如果失去工作的庇護，在社會上就沒有什麼競爭力了。假設為我們提供工作崗位的企業在未來沒有競爭力或倒閉了，皮之不存，毛將焉附？社會競爭既然是多維的，就有可能半路殺出程咬金。你以為在險要地勢設好防禦關卡就能高枕無憂，不曾想敵人的飛機會在上空扔炸彈。

我們確實要好好審視一下現在的競爭優勢是否穩固，是否能夠經得住未來跨界的攻擊和考驗。於是很重要的問題出現了：如果一個人非常有競爭力，他的競爭優勢應該來自哪裡？

縱觀人類的發展史，哪怕再高的山峰，都有人可以爬上去；哪怕再遠的星球，也可以想方設法去探測。不過，目前人類還是無法逆轉的，恐怕只有時間的流逝，終究不能回到過去。如果你要建構強大的競爭優勢，最好充分利用時間無法逆轉的特點，想方設法占到時間的便宜。

時間就像一趟列車，當我們開始生命的旅程，就只能隨著列車的腳步不斷前行。對已經發生的事情，任何人都無法逆轉，至少目前無法做到。我們能不能利用時間的這個特點，把競爭優勢建立在時間的單向性上呢？有什麼樣的優勢既可以占到時間的便宜，又無法讓競爭對手超車呢？在時間維度上，我們永遠都是被困在當下的，既無法穿越過去，也不能跳躍至未來。

我總結了三個觀點，僅供讀者參考。

①如果未來某個時刻需要一種能力，而那時我們已經具備這種能力，但別人還不具備，而這種能力又無法快速獲得，那麼我們的競爭優勢將會非常明顯。

5G技術就是一個很鮮明的例子。華為創始人任正非說，有些先進國家不採用華為的技術，華為並不擔心，因為華為的5G是做得最好的，比其他公司都要好。華為一直在開發5G技術，而全球各國需要開展5G網路建設的時候，就是華為賺大錢的時候。這時，其他公司如果要追趕華為的技術將會非常困難，因為時間窗口已經過去了。這就是所謂占到時間的便宜。

但有一個問題，未來某個時刻需要的這種能力很難在短期內獲得，這就意味著應該立足當下，早做準備，做好「能力建設」。這裡的「能力建設」其實就是坐冷板凳，也就是雖然努力了卻很可能得不到即時的回饋。很多人會因為看不到未來而選擇不投入額外的時間和精力。相反的，只有少數人能做到在沒有即時回饋的情況下，持續投入做一件事情，直到未來正好需要某個能力時便能一觸即發。這個未來在什麼時候到來，並不明確。

一個人要做出這種判斷，不僅需要遠見卓識，還需要消耗大量的腦力。但是更多人習慣看到股票價格漲了以後再去追，而不是在股票下跌時頂住壓力。所以，大部分人總是在高點進場時被套牢。未來難以判斷和預測，少數成功者最終成為典範，形成倖存者偏差（編按：一種常見的邏輯謬誤，即只看到經過篩選產生的結果，而沒意識到篩選的過程，因此忽略了被篩選掉的關鍵資訊），失敗者卻暗暗躲在角落中，不為人所知。

如果你能持續領先於時代發展，在每次技術革新的時候都已經準備好，就不用擔心自己沒有競爭力。

②既然無法預知未來，那就參與塑造未來的過程，獲得獨特的競爭優勢。

正因為未來難以預知，不如退而求其次，參與塑造未來、影響未來。既然未來是不確定的，那麼努力按照自己的預期，打造符合自身利益的未來，也是建構競爭優勢的有效方式。

當一家企業做得很大的時候，往往會採取各種方法向相同產業輸出價值觀，參與產業標準的制定和設定議程，甚至提出新概念，試圖影響社會、媒體、大眾認知。所以，我們看到各產業大佬在發表演說的時候，最喜歡做的就是暢談未來。

為什麼企業家喜歡暢談未來？因為只有讓未來朝著對自家企業最有利的方向發展，才能最大程度的利用企業現有的布局謀求利益。讓未來發展成符合企業設想的樣子，就是一種主場作戰。這有點像每年大學入學考試命題，明星學校的老師有可能被抽選為命題組。如果一個學校被抽選的老師越多，該校考生在考試中也越有優勢，畢竟在考試卷上，學生們會看到自家老師命題風格的一些影子。

參與創造未來最直接的方式就是影響產業規則的制定。我曾經有幸參加過一次國際會議，與會者針對一項技術標準展開了激烈的爭論。一項標準被技術委員會採納通過後，就會成為世界各國遵照執行的技術標準。在這時，不同公司的代表提出了不同的意見。一經分析我就發現，假如大會採納了某公司提供的技術方案，未來五年這家公司可以多賺上百億元。

這就是為什麼在提出一項政策時，往往需要公開徵集社會各方面的意見。政策影響利益的分配，影響未來的社會。關於未來要成為什麼樣子，社會各界都在角力，紛紛希望在未來能多多受益，但最後仍需要經過商議才能形成方案。

當你想獲得競爭力的時候，就得想方設法的影響未來，讓未來按照你的預期發展。你要把歷史的列車引導到軌道上，等它開到你的主場，就能發揮最大的優勢。

所以那些掌握了傳播技巧，能在公共領域發聲的企業或個人，更容易在競爭中獲得優勢，因為善於使用傳播手段的人更容易影響群體的看法，繼而影響未來規則的設定。一家公司，好的老闆除了管好公司經營外，還要透過公共管道多多傳播公司的價值觀和影響力，這樣才能在未來獲得更多的競爭優勢。

③如果做不到以上兩點的話，退而求其次，長時間追隨一位商業領袖，並成為核心團隊的一分子，也可以獲得強大的競爭優勢。

商業領袖會選擇創立自己的事業，而你作為偉大事業當中的一分子，也會水漲船高。職場發展並不僅依賴於個人能力和努力，而在於你上了一輛什麼樣的列車——如果是高鐵，那麼你將飛奔向前；如果是蒸汽老火車，那可能要一直給高鐵讓路了。

但是，很多職場新人並沒有跟著老闆打天下的概念。他們更在意的是找到一份薪水更高的工作。從這個角度來看，最需要團隊合作的普通員工，反而有單幹的心，而最有能力單幹的老闆，其實更注重團隊建設。

我們如果只盯著一份薪水更高的工作，就沒辦法占到時間的便宜。和一個人建立信任關係，是需要花費時間的。信任度越高，越需要時間的沉澱。沒有什麼辦法可以繞過時間的門檻直達目的。領袖更願意相信跟隨自己南征北討十幾年的人，哪怕他的能力稍微差一點，也不會輕易相信一個能力很強但剛認識三個月的人。

到最後你會發現，每個行業裡的巨頭都有自己的核心班底，而這些班底成員未必會在媒體上成為焦點，甚至不為大眾所知。但是這些人伴隨著商業大佬一起成功，怎麼會過得不好？人與人在互動的過程累積的深度信任，才是競爭優勢。當然，能不能選到好老闆，就要看你的眼光了。

回顧以上三點，會發現最明顯的共同點是時間夠長。

沒錯，競爭到最後，就是在拚時間的長度。

千萬不要忽略時間長短所產生的影響。哪怕一開始，你在時間上完全不占優勢，但競爭到最後會發現，如果在一個領域持續行動的時間不夠長，這將成為你的弱點。競爭對手如果表現得比你好，那他一定是找對了一個角度或者方向，並且投入了更多的時間，累積了更大的優勢。我在前面說了，競爭的態勢和環境一直在變化，這一刻的優勢未必會成為下一刻的優勢。當競爭環境切換到另一個維度時，如果你最擅長的不再具備優勢，便不能迅速切換到新維度的競爭裡。如果其他人或者企業在全新的維度上累積了夠長的時間，那麼這些人或者企業就會在競爭中獲得勝利。這就是為什麼產業格局發生變化時，有的企業迅速沒落，而有的快速崛起。

在持續行動的道路上，時間才是最好的試金石。我們把時間拉長時，就能看到經過時間的洗滌，事情最終會演變成什麼結果。如果持續行動的時間不夠長，就容易受到偶發事件的影響，打下的基礎反而不夠牢靠。

如果我們能經得起時間的考驗，就意味著在經歷了各種波動變化之後，還依然堅持著。要在一個領域裡做得更好，必須做好長時間的準備，從十天到一百天再到一千天。時間的長度代表著時間容量的大小，代表我們可以覆蓋多少種可能。

競爭時要思考一些事情，比如什麼是我們做到了，但別人無法在短時間內做到的？什麼是我們花了大量的時間才做到，而別人無法超越的？如果我們在這方面有足夠的累積，當別人想得到同樣的結果時，就必須經歷相同的階段。而到那時候，我們已經在這方面有充足的領先，必然會輸出更大的價值，這才是核心競爭力。當我們獲得競爭優勢的時候，還要思考競爭環境裡有沒有新的維度，以及要不要在那些維度上繼續累積新的時間長度，進而鞏固優勢。

不要羨慕那些比你厲害的人，他們只是占了時間的便宜而已。

看不起，看不懂，看不到

我這幾年一直在做一件事——每天早上帶領一群人讀書。我選的書都是比較厚的經典作品，俗稱大部頭。讀書本來是一件再正常不過的事情，直到周圍的人向你投注異樣目光。和我一起讀書的人，先後向我反映了以下現象。

「今天我在公司看《心理學與生活》的時候，同事們都嘲笑我。有人還說，看心理學書籍的人容易生病。」

「今天有位同事來找我，看到我桌上放著一本《資本論》，便笑著說：『你也沒資本，看什麼《資本論》。』」

「在我讀證券分析的時候，一位朋友笑我分析那麼多，還不如他透過內線消息賺錢來得快。」

「室友看我晚上十二點還在讀書寫作業，就問我：『你是不是瘋了？是不是加入了直銷組織？』」

很多想進步的同學在行動的時候，都曾得到周圍人的負面回饋。這時候，成員們會很難受，來找我尋求安慰。如果我只是像其他人一樣拿心靈雞湯安慰他們，那我只是水準一般的老師。當人們處於情緒充沛的狀態時，正是提升認知的好機會。

生活劇本的一個主題就是嘲笑

當你做一件事情時，周圍有人嘲笑你，這很正常。甚至可以說，生活的劇本中，大多數人最初的角色就是嘲笑者。換位思考一下，如果你是他們，可能笑得更厲害。既然能感覺到嘲笑的殺傷力，那便證明你和他們在同一個層級，不然他們對你的嘲笑怎麼可能有效。你要做的不是給嘲笑賦予意義，而是跑得再快一些，和他們拉開差距。當你離嘲笑夠遠，嘲笑對你就沒有那麼大的殺傷力了。不過在網路上，不管你跑多遠，都有人順著網線嘲笑你。

當別人看不懂你在做什麼，尤其是覺得你們不相上下，甚至覺得你更差的時候，對你的行動嗤之以鼻似乎是最安全的策略。另外，提前判斷你會失敗，還能顯得他們很正確。別人的嘲笑有時候是善意的提醒，因為大部分這樣做的人之前都失敗了。

嘲笑是認知上的「排異反應」。不管是同事還是朋友，周圍的人和你過著類似的生活。你們面對的場景、思考的問題、生活的空間，大致上是相似的。你每天和同事在同一辦公場所相處的時間，甚至比陪著另一半的時間還要長。社群網路上朋友間經常互相留言按讚，交流日常動態與情感，這會帶來安全感：我們是一起的，是內部群體。

當你開始做一些與眾不同的事情，比如拿起一本書，尤其是看上去很有難度的經典作，就像在和原有的群體之間畫了一條無形的分界線一樣。上午的工作結束了，你照例和同事吃完飯回到座位，接下來應該是八卦閒聊的時間，每個人「貢獻」一些生活中的小煩惱讓大家開心。這時，你卻拿出一本《資本論》，開始埋頭閱讀，邊讀還邊做筆記。同事面面相覷，猜想你是不是生了什麼病。

當你開始打破原有的生活狀態，進入一種新的生活狀態時，你默默和周圍的人拉開了距離。這種距離會讓原有群體感到害怕、不安，甚至被冒犯。這個時候，對你發洩負面情緒或攻擊，對他們來說是再正常不過的反應。這就是我們說的「看不起」。

讀高中時，班級裡有一個成績不錯的同學。這位同學很努力，但總是考不到第一名。有一次，她偷偷把成績最好同學的教科書扔到廁所，企圖用這種方式阻止成績更好的人學習。看到別人的考試成績更好，感覺自己被妨礙，於是發起攻擊，這和看不起是一樣的道理。

要嘛你改變我，要嘛我改變你

這世界是由我們和「別人」構成的，我們生活在滿是「別人」的環境裡。當我們想改變自己的時候，必然會引起周圍環境的變化。哪怕只是調整生活習慣，也會對別人產生一些影響，容易被周圍的人感知。

如何破解這個問題？持續行動。當你持續做這件事，周圍的人會逐漸習慣這個新刺激。當他們習慣以後，就不再認為你會構成威脅。當你開始改變自己時，周圍的人會透過負面回饋抵制你的改變。當你扛住壓力，堅持下來時，周圍的人便適應了你的變化，負面回饋就會減少。大家開始接受「也許你就是這樣的人」，便懶得理你了，於是你們之間形成了新的穩定狀態。事情的發展是動態的，要嘛你改變我，要嘛我改變你。

以喝酒為例。如果你能堅持在任何社交場合都不喝酒，那麼周圍的人在習慣了你的風格後，就不會再勸酒了。如果你沒有把不喝酒的原則堅持到底，這次被人勸得兇就屈服喝一點，下次別人勸得不兇就不喝，這樣周圍的人只會認為你是因為壓力不夠大才不喝。如此，大家就想知道你的底線在哪裡，以後你會感受到更大的勸酒壓力。

當周圍的人已經習慣你正在做的事情時，他們也懶得攻擊你，這就是從「看不起」過渡到「看不懂」的階段了。「看不懂」是很微妙的狀態。周圍的人只是看你忙前忙後，但不知道你在忙什麼。他們只看到深夜你伏案寫作的樣子，只看到你不再參加聚會，只看到你好像也很開心，卻不明白你為何如此。

在這個階段，周圍的人不再對你品頭論足，不再給你太多負面回饋。但是此時最大的困難來自你所做的事情。投入得越深，感受到的阻力越大。你會發現時間永遠不夠用，事情越做越多，問題越來越多。這階段最大的挑戰就是自我懷疑，而你得在自我懷疑和自我掙扎中不斷前進。也許其他人看不出來你的難處，而你也沒法訴說，說了別人也不一定能理解。當然，你也沒有那麼多時間理會周圍的人。

當你在認真做事的時候，周圍的人要搞清楚你在做什麼也不是一件容易的事情。比如說，你正在深入閱讀《心理學與生活》，由於持續閱讀，對書本內容會有更深的理解，而在短時間內讓周圍的朋友體會到同等深度，其實是不太可能的事情。這時是你和周圍的人相對甜蜜的相處時光，他們看不懂也不想過問。如果以後真的做出了成績，你就會懷念這段寶貴的時光，當然，周圍的人會比你更懷念。

醜小鴨變黑天鵝

當看不懂你的時候，周圍的人會選擇忽略你。但是當你取得一定成果的時候，人們又會重新關注你。我一直相信，只要持續行動、刻意學習、升級認知，總有一天會釋放出耀眼的光芒，照亮周圍的人。當你做出成績、賺到錢，周圍的人不用花費任何力氣就知道你很厲害的時候，大家會一股腦的擁護你、讚揚你、歌頌你。

那些曾經嘲諷你的人，會以最快的速度改變自己的立場，成為熱烈讚揚你的人。你會感覺世界變了。你也許還在悶頭做一樣的事，但大家都在關注，你的一舉一動都會引發議論，成為焦點。這時，周圍的人對你的關注和一開始的關注已經不一樣了——剛開始是打量你、懷疑你、鄙視你，而現在是認同你、崇拜你、喜歡你。

當持續行動取得成果時，你會被帶到新的階段。你會形成新的認知，認識新的朋友，有新的想法，做新的事情。這時，周圍的人已經「看不到」你了。十年前，我曾看過一部講述北漂生活的電視劇，一群北漂住在郊外的出租房，大家相互幫助、照應。當有一個人升職加薪，賺到更多錢時，他的第一選擇就是搬出去，搬進市區，離開這個看上去很熱鬧的地方。當一個人的格局發生改變的時候，周圍的環境也會隨之改變。周圍的人如果沒有隨之改變，那看著你離開就是最終的結局。周圍的人已經不知道你在想什麼，也跟不上你的節奏，只看到你一騎絕塵。這階段就是「看不到」了。

於是你離開那個小圈子，周圍換了一群人。之前周圍的那群人，變成你的事蹟傳播者，他們紛紛說：「我早就知道他是一個厲害的人，我們一起聊天的時候，他都一直在看書。」

但是，說這句話的人有可能是當初嘲笑你最兇的人。

看不起、看不懂、看不到，是每個持續行動者在成長道路上必然要經歷的階段。但要知道，在持續做一件事時，周圍人的態度其實取決於我們自己。

我們只是在持續做一件事情，如此而已。在做這件事的過程中，要穿越十天、一百天、一千天的迷霧，必然得經歷周圍人態度上的變化。當我們了解這三階段的存在時，就知道什麼重要、什麼不重要了，因為該來的總會來，該走的終究會走。要透過變化的表象，抓住恆久不變的原則，明確自己要堅守什麼，同時又不應該執著於什麼。

當你持續行動一千天的時候，很可能會產生質變。此時你會看到很多人不同的反應，有一些會讓你膨脹，有些會讓你感到無奈。作為持續行動者，我們要妥善應對這些不同的反應，因為還有更長的路要走。

持續行動者，永遠在路上。

做實在的事，讓更多人知道你

二〇一六年，「斜槓青年」這概念很熱門。所謂斜槓，指一個人除了本業之外，還有其他的職業和身分，必要時用斜槓隔開這些職業和身分，比如「講師／馬拉松跑者／插畫家」。當一個人擁有多重職業和身分的時候，就叫「斜槓青年」。

斜槓的興衰故事

斜槓青年給人美好的期許，每一條斜槓都意味著一種新的賺錢方式。在斜槓青年一詞紅起來後，隨之而來的就是「下班後賺錢」「副業賺錢」「業餘時間賺錢」等口號，切中了很多人的痛點。一時間，市場上湧現大批教人如何做斜槓青年的課程和老師。

二〇一六年也是知識付費興起之年，許多人在網路上提供付費的罐裝知識，正好遇到旺盛的市場需求，於是他們迅速富有起來。那時，很多人紛紛表示自己一天賺二十萬元、一個月賺十萬元……讓其他人備感焦慮。當人們說起賺錢，在網路上傳播發財事蹟的時候，更多人就會被吸引，想學著如何賺錢。

就像股民趕上牛市，所有股票的價格都在漲，連垃圾股的股價都漲了。牛市漲停板，瘋狂的投資者越來越多，抱錢進場的人越來越多。但是，牛市能永遠持續嗎？股價可以一直漲停板嗎？今天，很少人再談論斜槓青年了，當年談論斜槓最熱烈的那一批人，也不見了。牛市行情已結束，斜槓青年今何在？

其實，斜槓賺錢就是以前我們說的「打零工」。留學生為了賺學費，下課後去餐廳刷盤子，沒有人會認為這是斜槓青年。而一名工程師在業餘時間畫心智圖並熱衷分享出去，就被網友們奉為優秀的斜槓青年、值得學習的榜樣。

現在知識付費的風越吹越小，斜槓青年偃旗息鼓，不是安安靜靜回去上班，不然就把斜槓發展成主業。當一個人的主業不賺錢的時候，我們憑什麼相信斜槓一定能賺更多錢呢？唯一可能的原因就是斜槓趕上了趨勢。

你下課後去刷盤子，正好趕上大客戶包場，導致要刷的盤子數量是原來的三倍。老闆為了讓你多刷一會，提出給你三倍的工資。這時，你會輟學跑去刷盤子嗎？生活常識告訴你，不可能每天都有大客戶包場，不可能每天都有三倍的工資拿。斜槓青年的概念開始流行時，很多人認為利用副業賺錢的時代來了。不過這幾年經濟下滑，企業裁員的壓力讓大家意識到，做人還是不應該「膨脹」。

先做好事，再讓更多人知道

回顧斜槓的興衰，我們獲得一個重要的啟發：如果想不斷成長進步，有兩個步驟很關鍵，第一步是必須先做好一件事，第二步是讓更多人知道你做得好。

很多斜槓青年的最大問題就是搞錯順序，跳過第一步，直接做第二步。更要命的是，跨到第二步的時候，斜槓青年正好趕上知識付費的浪潮。本來這種做法會讓斜槓青年摔跤，但是一陣風吹來，他們非但沒摔，反而上了天。這就是前文所說，一個人做了不正確的事情卻意外得到正確的回饋，結果在錯誤的道路上越走越遠。

當你擁有很強的專業能力時，越多人知道對你越有利，因為這會形成你的品牌力。在沒有真本領的時候，越推廣自己，越努力打造品牌，對你越不利，因為這會讓更多人知道你做得沒那麼好。

當然，如果你仍然堅持推銷「半成品」的自己，就會掉入「短訊詐騙」的陷阱。短訊詐騙就是用看上去很明顯是騙術的傻瓜短訊反向篩選，比如「你好，我是房東，現在在外地，請把房租匯入我帳戶……」經過短訊詐騙反向篩選出來的人，更容易上當。堅持推銷半成品的人，最終也會找到一群無法發現你的問題，甚至認為你做得很好的人。這樣你吸引到的人，無論從認知能力還是專業水準來看，都大打折扣。

也許我們不能說斜槓青年不紅了，他們或許只是下沉到認知能力待開發的群體中。在當年那一波傳播群體中，斜槓青年已經失去了生長的土壤。

斜槓青年紅不到三年就在原本追捧它的群體中銷聲匿跡。最主要的原因是這個概念不符合個人成長的基本規律，換個更直接的說法就是，沒有用。原有的吹捧者拋棄了這概念之後，賴以生存的環境要不繼續下沉，要不直接消失。但是，仍然有斜槓青年賺到不少錢，甚至透過斜槓的方式，改變自己的職業方向。如何解釋這個現象？

上班族完全可以在業餘時間多做一些事情。他既可以鑽研本業業務，提升專業技能，也可以發展自己的興趣愛好。上班族再忙，總有閒暇提升自我，如果不學習、不做事，就只能娛樂和消遣。不過，休息的時候花太多時間玩手機，反而會讓一個人更疲憊，不如做些有建設性的事情。

在過去兩、三年脫穎而出、並成功轉型的斜槓青年，有兩個共同點。第一，在浪潮來臨之前，他們已經默默準備了很長時間，累積了堅實的專業能力。這些能力是以專業方式透過訓練習得，和斜槓無關。第二，這些人從事的工作，在傳播上有更大的優勢。比如，他們從事內容生產（媒體傳播、線上教學等），本身就要面對廣大客戶，更容易被人知道。

專業人士的傳播弱勢

社會的競爭是多維競爭。這意味著，光做苦工、光提升自己的本事還不夠，需要讓更多人知道自己。解決這個問題，需要靠傳播手段。傳播做的就是把你的專業能力和事蹟打包成故事，包裝成成功案例，投放到人群中，讓人們口耳相傳。當更多人知道時，就會有更多人需要你的專業能力。這意味著收入會增加，也會變得更繁忙。你的專業技能越為人所知，收入增長得越快，這就是所謂的滾雪球效應。

產業的代表性人物在兩方面做得都很好：一方面是自己以非常強硬的本領作為核心，另一方面是傳播做得比較好，讓很多人知道自己。在網路產業，一談到馬化騰、李彥宏、雷軍等企業家，就知道他們除了技術能力強之外，在經營企業上也做得很成功。如果一個人擁有充足的專業能力，卻不被很多人知道，那麼他可能只是業務能力很強的優秀員工而已。如果他的專業能力很強，又知道如何行銷自己，就具備成為成功創業者的潛質。

當然，如果一個人的能力不是那麼強，卻又不停想讓很多人知道，就會面臨風險——每次傳播都會帶來新的負面口碑，最終不得不換圈子，在新的人群中傳播。好事不出門，壞事傳千里。一個行業的圈子其實不大，如果你想了解一個人的能力和口碑，有時候只要一通電話即可。

急於讓更多人知道自己，最簡單的策略就是活躍在公共空間，不停尋找下一個傳播群體。有意思的是，當我們不了解一個領域的時候，會最先透過公共空間了解該領域的情況。這裡的公共空間可以理解為所有人都能看到或檢索到的地方，而這往往也成為行銷的流量入口。如果大部分人在遇到問題的時候，都上谷歌搜尋，那麼谷歌就會成為一個網路上的公共空間。如果大部分人開始在知識家或臉書上查找某個問題的資訊，那知識家或臉書也就成為公共空間。

如果一個專業能力不強卻善於傳播的人，把自己的資訊鋪滿公共空間，會出現什麼情況呢？這個人在專業領域裡可能不會被所有同行接受，甚至被排斥，但是由於他在公共空間被很多人知道，反而會獲得更大的影響力，甚至賺到更多錢。

這時，哪怕他的專業能力不強、口碑沒那麼好，也對他毫無影響。他甚至並不需要別人的好評，只要不停尋找下一個傳播群體，完成一狗票的訂單就好了。火車站門口的小超市，可能是最不需要顧客好評的商家。相同的，社會上危言聳聽的言論和假資訊傳播得特別快，而正經八百的文章卻無人問津。這些現象產生的原因就是：專業能力強且做事可靠的人不太注重傳播；專門造謠的人則很專注於傳播，總是輕易搶到公共空間的注意力。

二〇一六年，我在朋友圈發表過一段話：「我覺得各個領域裡可靠的人還是應該多努力在網路上發聲，透過表達展現出專業性與可靠度。從個人角度來看，事情做得好，過上好的生活，是一件很有滿足感的事情，如果能順便再對一些人力所能及地產生影響，那將善莫大焉。不然某一天你會發現，那些只有三腳貓功夫的非專業人士充斥網路，一知半解、大言不慚地令人噁心……耕地不種莊稼，就會長滿雜草。」

從這個意義來說，市場上賣最好的，未必是品質最好的，可能是廣告做得好。廣告做得好的人和產品做得好的人，往往是兩種人，而他們未必願意合作。如果專業能力不強的人不停更換傳播對象，那麼他越想讓更多人知道就越可能收到負面評價，事情反而越做越小。斜槓青年犯的錯誤就在於過度標榜自己擁有多重身分，沒有引導大家重視核心的業務能力。

當你把一件事情持續做到一千天的時候，會有很多人主動傳播你的事蹟，你會成為很多人的行動榜樣。這是你開始累積影響力、樹立個人品牌的時期。如果想繼續擴大影響力，需要注意兩方面：一方面，要讓你的故事簡潔好記有意義，深刻有趣打動人；另一方面，要進一步穩實基礎，提升業務能力。否則，每一次傳播都會對你造成一定的傷害，讓更多人不相信你。早知道會給人留下不好的印象，還不如別人不認識你呢。

持續行動者只有做實在的事情，才能走得更遠。

自己做不到的事，能不能教別人

如果有一件事，我們自己都做不到，能不能教別人？對於這個問題，一般有兩種觀點。

觀點一：自己做不到的事，怎麼教別人？以其昏昏，使人昭昭嗎？教別人的前提是自己能做到，知道在做這件事情的過程中有哪些注意事項，這樣才能教好他人。把自己能做到的事情教別人，才有可信度和說服力。

觀點二：雖然自己做不到，但可以教別人。古人有云：弟子不必不如師，師不必賢於弟子。那些路邊的方向指示牌，雖然從來沒有去過目的地，但是仍然可以幫助人們找到方向。那些中學的優秀老師，可能從來沒有在清華大學和北京大學讀過書，但照樣培養出清華、北大的學生。這就說明，即使自己做不到，也不妨礙教別人。作為教師，把教學大綱上的任務完成，就算很盡責了。

每次在社群裡討論這個話題的時候，總會引發各種爭論。如果你現在也不知道哪種觀點是對的，不妨看看以下的場景，說說你的觀點。

場景一：寫作教練在網路上教別人如何寫出點閱率超過十萬的文章，但是他自己的網路文章，平均每篇只有一千左右的點閱率。儘管如此，寫作教練每次開課都能招到不少學生。

場景二：有人專門教別人做新媒體行銷，但是自己在臉書、部落格、微博、IG上面的粉絲數量卻屈指可數。儘管如此，他分享的一些漲粉套路仍然很受歡迎。

場景三：一些商學院的講師雖然沒有參加過商業實戰，但是由於對講稿非常熟悉，各種商業案例信手拈來，每次講課也能讓學員收穫很多。

如果這些場景仍然讓你感到困惑，那麼可以換位思考以下兩個問題。

問題一：你要學一門技術，現在有兩位老師供你選擇：第一位擁有豐富的實戰經驗；第二位沒有太多的實戰經驗，但是擅長傳授知識。你會選擇哪位老師來教你？

問題二：你要學一門技術，但你是外行，看不出來剛剛提到的兩位老師哪個更有實戰經驗。這時，你會根據什麼條件來選擇老師呢？

接下來，討論將涉及以下幾個方向。

人人都希望有好老師，但未必能辨別

就像很多人看病都想掛專科門診一樣，在學習時也想找到有經驗的老師。如果老師教的事情是他自己做不到的，你願意跟隨這位老師嗎？很多人會說，那還是換個老師吧。但問題在於，我們未必能一眼辨別出一個老師是否具有豐富的經驗。

在知識付費時代，很多人以建立社群的方式語音授課。這種授課形式的好處是，課程可以一段一段的講，中間還能暫停，不需要即時反應。這樣一來，做老師的門檻就降低了。再加上一些包裝技巧，尤其是利用資訊不對稱為自己編造頭銜，普通人也能搖身一變成為名師。在產業內有很多榜單排名、榮譽稱號可以花錢買到，而外行人並不知道這些內幕。另外，還可以引進國外資質一般的老師，利用崇洋媚外的心態，打造所謂的「高階課程」，讓人難以分辨。

有了這些複雜的原因，要識別好老師，對外行人來說可不是件容易的事。

自己做不到的也能教人，展現了市場供求關係

將一件事情做好其實很難，但當你能完成它時，對持續這件事會感到更多樂趣，也未必會有心思想教別人。其實，真正能做好一件事且願意教別人的老師沒有那麼多，尤其是在一個很賺錢的行業。如果有人因為做了某件事而賺到很多錢，更優先的策略會是，投入更多時間和精力賺更多的錢，未必是教別人怎麼賺錢。當這個行業的錢沒那麼好賺以後，如果市場上還有賺錢的傳言，那麼他或許可以把這些方法拿來教人，又能賺一筆。

有時候，會爆出一些網路公司使用者資料外洩的事件，而從事網路安全的人都清楚，當大眾知道一家公司的網站資料庫被駭客入侵，使用者資料遭到竊取時，代表這批資料對駭客已經沒有利用價值了。如果一家公司的資料庫剛被入侵，大眾是不太可能在第一時間知道的。如果你不是在第一線工作，情報必然是慢的。

能完成一件事並且做得好的老師本來就少，如果想學這門技術的人多，需求旺盛，就會刺激那些水準差一點的老師出來教。受知識付費浪潮的影響，寫作課流行時，很多人想透過學習寫作改變命運。這時，想學習的人數遠遠超過可以勝任寫作教學老師的人數。只要有

人敢振臂一呼說「我是寫作教練，我可以教大家寫作」，自然會有很多人報名。這導致膽大的老師趕緊補課，現學現賣。由於趕上風潮，想學習寫作的人太多，哪怕每個人只找他學一次，也能獲得夠多的財源，在短期內賺到一筆錢。

當需求強烈的時候，一定會有人為了賣東西而生產。為了賣東西而生產，是商業社會的基本法則。

持續教學，總會遇到優秀的學生

在討論自身做不到某件事的老師能不能教人的問題時，支持者最常使用的論據就是，那些偏遠山區的老師從來沒有上過明星大學，一樣可以培養考上名校的優秀學生。這不就證明即使自己做不到也可以教別人嗎？

這是兩個不同的概念。如果你持續教學，總會遇到一些天賦異稟的學生，他們經過你的點撥獲得很好的成績。這未必是老師教得好，反而是學生成就了老師。換個角度來看，假如這些學生遇到更好的老師，獲得的成就會不會更大？開個玩笑，有沒有可能正是因為被你「耽誤」了，學生才只能上清華、北大？

我曾經參加過一個催眠知識講座，講師當場演示如何催眠一位聽眾。聽眾被催眠後，身體變得非常僵硬，頭和腳分別搭在兩把椅子上，腰腹部懸空。當被催眠者的腹部站了一位成年人時，被催眠者竟然沒有出現任何異常。這個催眠過程也被稱為「鋼板催眠」。後來我問講師：「你怎麼確定每次展示都能成功？」講師告訴我：「一般來說，如果有二十人參加你的演講，總會有一、兩個能夠接受催眠的聽眾。當然不是每個人都能被催眠，畢竟每個人的敏感程度不一樣。但是，只要聽眾數量夠多，總會有人是容易被催眠的。」

當你持續做一件事情，會遇到各式各樣的情況，而符合預期的情況，哪怕只有一個，都會成為佐證。人們在看到成功案例後，就會認為你做的這件事非常有說服力，因為人們總是更容易相信生動、鮮活的案例。

概率統計中有一個生日悖論。你覺得在多少人當中會有兩個人的生日是同一天？很多人會說，三百六十六人中才會有兩個人同一天生日。但按照概率計算下來，如果有二十三個人，那麼兩個人生日相同的概率就會超過五〇%。如果是六十個人，其中兩個人同一天生日的概率要超過九九%。如果你懷疑這個結論，可以找一個超過五十人的群體，問一下大家的生日，出現兩人同一天生日是很高的機率。這個結論與我們的直覺之所以不同，就在於相同的生日可以是一年內的任意一天，而不是特定的某一天。某兩個人的生日正好是同一天，要比某個人和你同一天生日的概率高很多。

所以，對於無法寫出爆款文章的寫作老師來說，只要持續教人如何寫作，總有一天會遇到能寫出爆款文章的學生。只要堅持到這一天，就可以用前文中「觀點二」的方式來證明自己是好老師。

其實我們都知道，真正的好老師是需要好學生來成就的，老師和學生兩者相輔相成。現在有一種「超級高中」，它把一個城市甚至全國的優秀學生吸引到同一所學校準備大學入學考試，充分利用優秀學生加上優秀老師的搭配，以追求升學率為直接目標。優秀學生被搶走後的普通高中，大學入學考成績逐漸下降，普通學生考上頂尖院校的機率也在不斷降低，而「超級高中」每年考上清華、北大的學生數量卻在增加。這還是證明好學生在獲得好成績的過程中發揮著重要作用。

所以，只要持續教學，培養出優秀學生的機率是不斷累積的。總會有優秀的學生讓老師光芒四射。如果沒遇到優秀的學生，只能說是你的運氣不太好，持續行動的時間不夠長。

教學就像表演，演技好的人獲勝

《二十一世紀的二十一堂課》一書中，提到這樣一個觀點：在資訊技術和生物技術發展起來以後，人和機器的邊界會越來越模糊。人的情緒、意志，本質上是大腦神經元的活動。大腦神經元的活動，就是電位的傳導過程。生物技術可以捕捉到這些傳導，而資訊技術可以把這些電子信號轉換成數位，拿來記錄和分析。這樣一來，我們可以利用生物技術和資訊技術反向類比人的大腦，甚至製造出人造大腦。人和電腦的邊界，已經開始模糊。

這個觀點有意思的地方就在於，當我們把所有人類的活動歸結到神經元電位傳導的時候，就會發現，所謂的人類社會變成了一堆電子訊號的運算過程。這算是技術的暴力美學，人類的情緒、意志，在技術面前統統不見了，只剩下一堆0和1的電子訊號。

借用這樣的思考方式，我們可以理解教學到底是什麼。如果把教學當成一種展示，老師在講，學生在聽，那麼它其實就是一種表演。表演的時候，演員要依照劇本來演戲；教學的時候，老師要根據教學大綱為學生上課。

我們如果把教學當成表演，再借助資訊技術，可以想像這樣的場景：以後你在各種機構看到的頂級老師，未必是經驗最豐富，但可能是長得好看、年輕、畢業於頂尖名校的老師。這位老師熟練掌握了各種表演技巧，能夠以演戲的方式把知識傳授給你。正因為是表演，所以老師只需按劇本操作即可。另外有一個龐大的團隊為老師編寫教案。這就像編劇負責寫劇本，演員負責演戲一樣。有了無線通訊網路技術的支援，我們可能只需要幾位明星老師，就可以滿足全國所有學生每天的上課需求。借助虛擬實境的技術豐富感官體驗，再加上輔導老師的配合，學生可以更好完成學習過程。

前文的「觀點二」提到，有人認為老師只要完成教學大綱就好，至於老師能不能做到他說的事，其實並不重要。當老師只需根據教學大綱完成任務時，老師是誰反而變得不重要了。按照這個邏輯，絕大多數老師最終可能會變成助教，即資訊技術的發展只會讓頂尖的老師「活」下來，其他老師只需從事一些輔助性的工作。更有甚者，所有老師都會被淘汰，因為人工智慧只要產生一個虛擬、完美的形象符號，一樣可以完成教學工作。

建立持久的信任，才是持續的關鍵

二〇一九年年初，一篇名為〈一個出身寒門的榜首之死〉的文章在網路上四散傳播，引起輿論關注。這篇文章講述一個大學入學考榜首的人生故事，而廣泛傳播的觸發點其實是標題裡的「寒門」「榜首」和「死」。關於這篇文章的重大爭議是，文章宣稱是非虛構，卻在文中有大量的虛構情節。打著紀實的旗號瞎掰故事，這種言行不一的行為是造假，遭到社會唾棄。最終，這篇文章很快被刪除，涉事的相關帳號也很快註銷，兩個月後，背後的公司甚至解散。

讀書網站上有「暢銷排行榜」，榜單分類為「虛構類（小說）」及「非虛構類（非小說）」。分類的目的在於告知讀者你讀的書屬於虛構還是非虛構。非虛構類作品需要依託事實，作者要對內容的真實性負責，而虛構類作品的作者則能充分發揮想像力。

任何處於模糊邊界的行為都會帶來一些麻煩。所以最好的方式就是，如果你編了一個故事，就要提前聲明這是虛構的，這樣別人才能專心欣賞你的想像力。演員在戲裡扮演殺人犯，難道在真實生活中就要被法律制裁嗎？生活常識告訴我們，戲裡的殺人情節不代表真正殺了人，被殺的人也是演員。如果別人都知道你在演戲，那麼他們也會配合你。

同樣的道理，作為老師的你沒有做到一些事情，卻要教別人，其實也應該有類似的聲明。不過，那些教人如何寫爆款文章的老師，如果在招生文案中註明「本課程講授如何寫出爆款文章，但是授課老師從未寫出爆款文章」，這樣不會有人想報名參加這樣的課程，老師也就沒法賺錢了。

因此，強調老師有能力做到一件事，本質上增加了教學內容的可信度。即使是演員要扮演一個角色，也需要去體驗生活，才能演什麼像什麼。演員吳京曾經為了拍攝特種兵題材的電影，專門跑到特種部隊訓練了十八個月。如果老師要傳授某一項技能，自己卻做不到，還拿完成的教學大綱當幌子，這其實是不合格的事情。如果沒有經歷、沒有體驗過，就會缺乏感同身受的能力，傳授的內容也會變得沒有可信度。路標雖然從沒去過它指向的地方，但肯定是由到過目的地的人確認過的。

教學其實是實戰的一部分。實戰中的問題來自四面八方，老師唯有具備實際的實作經驗，才能應對學生遇到的各種問題。否則，老師只能負責表演，學生只能看表演。學生雖然看得開心，但在實際執行的過程中卻發現所學知識大多缺乏可行性。

總而言之，即使自己做不到，也可以教別人，因為市場需求決定了可以先上車再補票。但從長期來看，老師必須對自己有更高的要求，才能和學生共同成長。從這個角度來看，科學研究機構中教授帶研究生的師徒模式，很有利於人才的培養。只有讓師生置身於同一戰場，互相觀察，在實戰中盤點學習，才會有最好的教學效果。

所有困擾你的問題，都沒有直接的解決方法

「老師，我想學好英語，應該怎麼開始？」

「我現在每天跟著你讀《社會心理學》，但我還是看不懂，怎麼辦？」

「我PPT做得很不好看，想提高做PPT的水準，要怎麼辦？」

「我想學電腦程式設計語言，應該怎麼做？」

「我想成為一名作家，要怎麼刻意練習？」

當一個問題持續困擾著你，而你百思不得其解，想四處求助的時候，要意識到這個問題很可能沒有直接的解決辦法。

什麼叫直接的解決辦法？口渴了，路邊正好有便利商店，買一瓶水喝了就能解渴，這就是直接的解決辦法。生活中，我們每天都在直接解決這樣的問題，並不會感到困擾。

讓我們困擾的都是重要的問題，而重要的問題往往沒有這種立竿見影的解決方案。當一

個問題開始困擾你的時候，代表這問題已經出現很久了。正因為存續的時間長，既重要又迫切，才會引起你的重視。在成長的道路上，積壓已久的問題很難有直接的解決方案。但是問題在於，我們不願意相信這個事實，非執著於到處尋找答案不可，總覺得只要找到解渴的那瓶水，就能解決問題。我們可能會做出以下事情。

①我們希望把所有可能解決問題的方法都嘗試一遍，從中選出最好的。我們會拿著一個問題，到各種平台詢問不同的老師，甚至有時候急得連老師的稱呼都忘記改。我就收過這樣的私訊提問，稱呼是其他老師的名字，而我還剛好認識那位老師。於是我體貼的轉發過去，對方說：「啊！原來你也收到了。」

②我們希望有一天能從某個老師那裡得到一份為自己量身訂製的答案，然後暗示自己：這就是我要的答案，這就是我的道路。但是我們發現，好像大部分人對我們的問題沒那麼上心，於是總感覺得到的答案不適合自己。畢竟每個人都認為自己的問題是特殊的，和其他人不一樣。

③我們還希望能找到一個教練手把手教我們。我們透過某個平台約見了一位老師，卻發現和老師聊了半天，對方也沒有真正想要解決問題。然後，我們可能還會發現老師其實也是在利用平台獲取客戶，賣出更高價的課程而已。最後才知道，要解決問

題，只能靠自己。

我有一位朋友喜歡學英語，想成為一名口譯員，但是英語基礎稍差。有一次，她遇到一位願意手把手教她的老師，直言可以把她培養成口譯員，但是學費需要八萬元。所以，她想辭掉工作專門學習口譯。但這位朋友手頭並沒有八萬元，於是打算透過貸款的方式學習。

朋友來問我的意見。我的建議是好好上班，邊賺錢邊學習。我非常了解朋友的狀況，就她現在的英語基礎而言，不需要辭職然後花八萬元跟著哪個老師學習，且不說老師有沒有這個水準。那位老師這樣做也有詐騙嫌疑，還誘導別人網路借貸。

這其實反映了很多學習者的心態：不惜任何代價都要尋求確定感，不願意相信自己，更願意相信專家。是不是真正的專家他們也不在意，只要看上去像那麼回事就好。

購物網有一種神奇的店家，它們專門販售各種「回心轉意符」。有人在戀愛遭遇挫折，特別是另一半心生變數時，就會購買這種回心轉意符。下單以後，他們內心感到安寧。如果對方真的回心轉意了，買家就會認為這個符真靈驗！當我們想透過一種確定的方式解決問題的時候，就跟購買回心轉意符的買家沒有什麼區別。如果回心轉意符不管用呢？店家還有「拆散孽緣符」「報復情敵符」「另結新歡符」等成套出售。

在很多人心中，他們就是希望找到這樣的定心符。他們的思考邏輯是這樣的：「我平時沒有動力學習，總是害怕困難，如果花了大筆錢去學習，受到刺激就會產生動力。花大錢意味著自己不僅可以找到好老師，提高學習效率，還能結識更優秀的同學，成長的速度會更快。」

但結果更可能是，當花了大錢後，痛感能夠讓你激動三天，頂多一星期。之後，便會習慣這個感覺，接受錢已經花出去的事實，然後又會回歸到原來的狀態。更有趣的是，在花了大錢之後，你更容易變成老師的代銷——老師會想方設法勸你把朋友也帶來上課，承諾給你一定的回扣，讓你把學費賺回來。這就叫炒股炒成了股東，上課上成了代銷。

在經歷了這些折騰的過程後，我們會發現最初要解決的問題仍然存在，情況完全沒有好轉。其實換個角度，換一種心態，問題就容易破解了：要解決所有困擾我們的重大問題，只能靠自己。沒有直接的解決方案，方法需要自己去探索。其他人哪怕對我們有一點幫助，都是意外的好運。

我在做社群的這幾年，遇到很多人。有一種人，他們只要看到別人做的事有一點不好，就會因為這一點全盤否定一件事或一個人。這種人很可能是菜鳥或職場新鮮人。另外有一種人看到別人做的事情，不管怎樣總能找到讓自己獲得收益的地方，覺得花出去的錢都賺回來了。這種特質在老闆身上更容易見到。

兩種行為的背後是兩種不同的心態，亦即是否靠自己。菜鳥指望別人提供直接可用的解決方案，當方法無法滿足自己的要求時就心生不滿。老闆心中有數，知道自己面臨的問題沒有直接的解決方案，只能靠自己。於是在摸索中，老闆逐漸形成自己的主線，只要獲得有用的啟發，哪怕只有一句話用得上都會認為有價值。老闆總是認為自己有收穫，菜鳥總覺得別人虧待了他。而有趣的一點在於，菜鳥還會認為老闆被人唬了。

在解決問題時，你的心態是靠自己還是靠別人？你的選擇決定了後續的前進方向。

我認為，人生中重要的問題或長期困擾我們的問題，只能靠自己解決。飯是自己吃的，日子是自己過的，未來也是自己的，沒有任何人能為我們負責到底。一旦這麼想，我就會勤快一點，多做一些事，因為知道別人靠不住，萬一哪天遇到棘手的問題，得自己出馬。誠然，我們可以透過尋找更專業的人解決問題，但是這些人還是得自己去找。

用靠自己的心態思考問題有一個好處：你不會特別介意解決問題的「姿勢」好不好看。很多人在開始學習的時候，很在意學習方法對不對，特別害怕自己因為繞了遠路被人笑話。社會心理學有個詞叫「焦點效應」——人往往把自己看作一切的中心，高估別人對自己的關注度。在公眾場所，總覺得所有人都在注意自己，於是感到渾身不自在。其實，並沒有那麼多人注意我們，我們不是明星，也不會無緣無故成為焦點。你如果做過新媒體的工作就會知道，即使再努力掙扎，也很難吸引大眾目光。

當我們開始做一件事情時，往往會過度在意方法對不對、效率高不高、方案好不好。這些問題固然重要，但沒有必要在這些問題上花費太多的時間。剛開始，一切都是不確定的，難以看清方向，規畫時也不可能考慮到未來的所有情況，必然會有試錯與調整的階段。我們不能指望透過深度思考確定未來二十年的事情，雖然在取得世俗意義上的成功後，可以宣傳自己多麼有「先見之明」。只要持續做一件事情，持續改進，隨著時間的推進，會慢慢變得不一樣。

想想我們剛上小學的時候，父母會糾結請哪位數學名師來教我們加減乘除，但是等到上了大學，已經沒有人在意是誰教你加減乘除的，畢竟你已經會了，也沒有人根據加減乘除是哪個老師教的而形成不同的派系，更沒有人認為明星學校教的加減乘除就高人一等。現在我們的知識水準已經遠高於當時學加減乘除的水準。水準提高了，用什麼方法學會的已經不再重要。

成長進步也是一樣的道理，如果你要做的是學會加減乘除，那麼不管採用什麼方法，最終目的是讓自己掌握知識。掌握知識了以後，便可以踩在這些知識上繼續前行。當走得夠遠、水準夠高時，回頭看就會發現自己當時糾結的很多問題並沒那麼重要，哪怕繞點遠路也沒有關係。

打個比方，小學的時候，算術總比別人慢，需要老師幫你補課。你曾用兩個週末，做了五百道練習題，當時可能特別不高興，覺得自己玩的時間沒有和其他同學一樣多，好像吃虧。但是十年之後，你根本不會在意這個問題，因為你已經開始操心大學的事情了。

解決生活中困擾我們的重要問題時也是如此——不要總想著從別人手裡獲得仙丹靈藥，要靠自己煉製。在煉製的過程中，別人的經驗分享和啟發可以錦上添花，但不能代替我們思考，更不能代替我們完成應該做的事情。

解決困擾我們的問題，需要一點一點去嘗試，在挫折與失敗中反思總結，讓新的想法在腦海中形成，見證改變緩慢發生。只有這樣，想法才能成為我們自己的。當想法越來越多，行動越來越多，問題的答案就容易湧現，我們才能獲得對問題的新理解，而這才是通往新世界的金鑰匙。

不要急著去尋求答案，要看自己能做些什麼，因為答案會在持續行動的過程中湧現。

什麼成就了你，也就限制了你

二〇一六年九月，我堅持持續寫作到一千天，充滿成就感。我修改了個人簡介，加上了「一千天持續行動者」標籤，到處分享經歷，生怕別人不知道自己做了一件很厲害的事情。的確有不少讀者就是因為這件事而知道我，但我很快意識到一件可怕的事情：越是強化個人標籤，越限制了自己。

強化個人標籤本身不是件壞事。很多個人品牌導師常教育我們，如果想打造個人品牌，就要做好「定位、卡位、上位」。在賽道上搶占了位置，便能享有持續不斷的關注與流量，從而獲得一定的經濟收益。所有的商業品牌都希望在消費者心中搶占一塊地盤。在生活中遇到具體的場景時能想到某些品牌，就意味著它們商業推廣很成功。

但是我們也要意識到，一旦用成就標榜自己，這些標籤就成為邊界。如果不能突破邊界，就會被自己限制住。

在知識付費爆炸的時代，會看到許多人標榜自己「月入十萬」。這些標籤一使用，便吸引到人們的注意，相關課程的銷售結果也非常好。大家紛紛感歎，原來這些人這麼厲害，真是年輕有為。但是我們因為月入十萬而沾沾自喜時，也要意識到，用這樣的標籤推銷自己，就是在與那些已經做到月入百萬的人畫清界限。一個月入百萬的人，會願意了解怎樣才能把收入降低到月入十萬嗎？當我們使用「月入十萬」的標籤推廣自己的時候，能吸引到的人也許是正在月入一萬階段努力的人。當你真正能月入十萬的時候，應該多和月入百萬的朋友玩耍，還是和月入一萬的朋友在一起呢？對於這個問題，相信你有自己的答案。

的確，透過不斷努力可以取得新的成就。但是一定要牢記，成就我們的也會限制我們。

以持續行動為例，我注意到社群裡一些成員在堅持了幾百天時，產生了某種優越感，進而瞧不起身邊不太努力的朋友。他們甚至在研究一些商業方法的時候，不願意靜下心分析，在遇到不喜歡的商業模式時，馬上就說「這樣不能長久」。

我們可能因為持續行動而受益，但是也要知道持續行動的邊界在哪裡。的確，我們都希望美好的事物能夠長長久久。然而你是否想過，如果有人就是想搏一次短期的機會，根本沒打算長期做下去，那麼說完「這樣不能長久」後便不再深究，是不是在逃避思考呢？如果是一個短期項目，玩的就是「朝生暮死」的模式，那麼強行拿持續行動的角度來對照，不就錯失了解真相的機會嗎？我們都是持續行動者，但不是盲目的持續行動者。持續行動讓我們能更看清世界；而認識世界本來的樣子，才是持續行動的目的。

有一年，一家速食龍頭企業準備改名。我認識的一名成員在知道消息的第一時間，搶先註冊了新名字的全拼音名稱。兩個小時後，他就把名稱轉手賣出，賺了二十萬元。當時我問他：「你為什麼不多等一會，說不定還會漲價。」他說：「這就是一個短線生意，趁著熱度還在，有很多人想入手，快速交易比較合適。一旦熱度下去，需求降低，很可能會砸在自己手裡。」

我認為持續行動者並非不能這樣玩短線，只是在短線作戰中，準確的判斷與高效的執行力，不是隨隨便便就能擁有的，也需要透過持續行動訓練。更重要的是，如果打算玩短線，一定要知道自己是在玩短線。

數學裡的哥德爾不完備定理可以很好地詮釋上述的矛盾。定理本身比較複雜，我試用相對簡單的話解釋：如果一個理論具有一致性，那麼這個理論必然無法解釋所有的情況；如果一個理論可以解釋所有的情況，那麼這個理論必然不具一致性。這個定理十分到位的說明了凡事都有邊界，並且同樣可以詮釋在人的身上。如果你關注一個網紅，他什麼都懂、什麼問題都發表意見，那一定能找到他前後矛盾的言論；如果一個網紅希望自己的立場保持一致，那必然沒必要評論所有事情，必須懂得在一些問題上閉嘴。

當我們依靠某種方式獲得成就時，最可能做的就是不再思考事情本來的樣子，優先採用自己熟悉的方式解決所有問題。當環境發生變化，熟悉的套路不再管用時，就是真的遇到挫折的時候。

從這個角度來看，從無到有很難，而忘記已有的成就、突破自我，更是難上加難。但是，持續克服困難、再創佳績，不正是我們要做的事情嗎？

第四章
保護大腦比保護錢包更重要

10000天

總有人做得比你好，總有人說過你說的話

有位朋友受我的啟發也開始寫作，持續兩年後，他出版了自己的作品，在專業領域內累積了一定的影響力。在很多人看來，這就是成長進步的典範。但是私底下，這位朋友卻和我說，他覺得自己寫得不夠好，總覺得自己說的話別人已經說過，誠惶誠恐。

我也有過同樣的體驗。有時候寫出一篇文章，就會有人說：「你說的不是已經有人說過了嗎？在某本書上有。」嚇得我以為出現雷同，趕緊去查，發現其實也不是那麼一回事。後來就釋懷了，因為有些讀者需要用一句簡單的話（比如「這我懂」「我看過」「和那個誰差不多」）來評判自己讀過的東西。

退一萬步講，即使我們說的話真的有人早已說過，做的事也早有人做過，也完全不必害怕。人類的本質不就是複讀機嗎？我們的ＤＮＡ透過自我複製完成細胞的分裂與生命的繁衍。一代人重複上一代人所做的事情，養育自己的下一代。一家企業總想著把創始人的理念複製到每一名員工身上。複製自己本來就是天經地義的事情。沒有哪個人會說：「你生什麼

小孩，不是早就有人生過了嗎？」自己的孩子，自己生自己養，關別人什麼事呢？

世界那麼大，總有人做得比你好，總有人說過你說的話。

大狗要叫，小狗也要叫

人一旦隨著影響力擴大，便有機會接觸更多優秀的人，也更容易覺得自己做得不夠好。當你覺得自己不夠好的時候，會陷入自我懷疑、綁手綁腳，一邊做事一邊批評自己，反而不能像以前那樣單純做事。

我曾被邀請到一個群組，當中有位朋友說自己感到迷茫。我以為他所說的迷茫是那種剛入職場的迷茫。結果他說自己創業兩年，在公司以兩億元被收購後，感到很迷茫。聽他這麼一說，本來不迷茫的我反倒開始迷茫了。

有自我批判的意識，證明已經知道自己的能力是有邊界的，也進一步說明我們有能力準確認知自己。當一個人連自己的能力水準都看不清時，反而容易過度自信，覺得自己天下無敵。由此看來，如果覺得自己水準不好、做事不可靠，甚至感覺自己一無是處，千萬不要難過，至少你對自己的認知還是對的。

自我批判並非壞事，至少可以讓我們保持清醒，但若用力過猛，就會干擾到認知，影響工作。在做事的時候，若時刻想著「我不是做得最好的，總有人做得比我好，我做的事情毫無意義」，心思就不在好好做事上面了。

總有人比我們做得好，總有人說過我們說的話，這些想法完全不應該成為干擾的因素，也不能成為一事無成的藉口。

我家附近有個小花園，歐巴桑、歐吉桑每天傍晚都會到這邊遛狗社交。狗的品種很多，貴賓、黃金獵犬、薩摩耶，到秋田、柯基、哈士奇。我看到這些體型大小不一的動物時就想：小狗看到大狗會不會自慚形穢？會不會因為知道有狗比自己更大，就不玩不叫了？

恰好相反，有主人在的時候，越小的狗叫得越張狂。不管大狗小狗，玩得都非常盡興。

契訶夫（編按：俄國文學巨匠）曾經說過：「有大狗，也有小狗，小狗不該因為大狗的存在而心慌意亂。所有的狗都應該叫，就讓牠們各自用上帝給牠們的聲音叫好了。」

當我們努力開拓新邊界，到達新彼岸時，會發現已經有人在那裡等候多時。我們心之嚮往的目標，另一群人卻視如草芥。

你的極限也許只是別人的基線。這讓我們對世界感到失望嗎？相反的，我們更應該為此感到欣喜，因為這意味著我們為自己設定的極限並非真正的極限，我們還有更大的潛力可以挖掘，而且生活不會那麼快變得無聊。

正如前一章所述，最牢不可破的優勢其實是時間。我們想達到的目標，也許有人的上一輩已經做到，於是下一代可以直接在這基礎上繼續發展。但這並沒有關係，因為基礎比你再好的人，最終還是沒能逃離你的視線；而進入視野的目標，始終要比在認知和視野之外的更有實現的可能。如果一個人跑得太快，你可能連他的影子都看不見。

我有一位朋友是北京人，嚴格來說是新北京人。她的父母與祖父母跟著革命部隊進入北京。父母在外地出生，在北京長大，在北京工作。她在北京出生、長大，在北京讀大學，也在北京工作。她家在北京有很多房子，所以沒有任何買房的壓力。所有北漂擔心的買房問題、戶口問題，在這位北京朋友身上都不存在。她只要好好工作就可以，甚至並不為了賺錢而工作。

看完土生土長的北京人，再看北漂，就以我為例吧。我到北京已經十年，剛來的時候，既沒有親戚可以投奔，也沒有房子可以住。我的父母生活在家鄉，我一個人在北京找工作、租房、過日子，所以嚴格意義上來說是真正的北漂。如果我想和那位北京朋友一樣，在北京擁有自己的房子，讓父母在北京生活，只能靠自己動手解決。

我要先在北京找到工作，最好還是能解決北京戶口且收入不菲的那種工作，然後想辦法賺錢買房子，這些事情就足以讓人頭大。另外，父母還得願意來北京住，這又涉及生活習慣的問題。但是，我的北京朋友不需要解決這些問題，因為她的上一輩已經解決了。她出生的時候，這些裝備已經由父母配置好，所以她可以在上一輩打下的基礎上施展拳腳。

當我選擇留在北京工作的時候，你覺得我需要因為這樣鮮明的對比而焦慮嗎？需要因為別人已經具備的物質條件而懷疑自己北漂的意義嗎？完全沒必要。她現在過的生活，可能是我的下一代才能過的生活。我現在過的生活，可能是她上一代人的生活。在過去三十年，她的家庭在這方向累積了優勢，相比於其他一些家庭（比如我家），她家的發展速度提前了一代。而這些靠時間累積出的優勢，不是那麼容易就能被超越，除非我們趕上時代的大紅利彎道超車。

難道我們就要自暴自棄嗎？也沒必要。大狗要叫，小狗就不叫了嗎？只要認真發展，做好自己的事業，也能慢慢累積優勢。我全力以赴爭取的，是朋友在出生時就已經擁有的，這並沒有什麼不能理解，反而證明了我的進步，居然迎頭趕上與新北京人成為朋友。

之前和同事一起吃飯時，同事帶著讀國中的孩子。一見面，同事指著我對孩子說：「你要向這位叔叔學習，好好努力，以後上清華。」我開玩笑說：「孩子，你可別向我學習，上了清華，還不是一樣做你爸爸的同事。」

看起來很像，但終究不一樣

冰箱裡，一排雞蛋正在竊竊私語：「快看下面那層最裡面那個新來的，居然長了毛。」

那個新來的很生氣：「別鬧了，我是奇異果！」

當我們在飛機上從高空往下看的時候，地面上的房屋或汽車好像都長得差不多。當我們穿越大街小巷的時候，每個社區、每一輛車，都有不同的樣子。如何看待一件事情，取決於看待問題的角度。如果距離夠遠，那麼一張張活生生的面孔就會變成流量、數字或者僅是一串抽象的符號。這時，那些活生生的人對你來說，看起來都一樣。

媒體深諳這個道理，一旦出現重大災難事故，如果要弱化事件的影響，就側重報導死傷人數的統計；如果要重點突顯嚴重程度，就報導受難者與家屬的故事。大眾面對數字的時候往往沒有清晰的概念，覺得好像差不多。當一張張鮮活的面孔出現的時候，我們便意識到每個人都不一樣，人性中對於同胞的關切就被激發出來了。

學習也是一樣。當目光在書架上掃過時，你會看到不同封面和不同作者的名字。如果未曾將時間和腦力投入其中，未曾深入了解書中含義，那麼這些圖書背後的鮮活思想也都會被你貼上「差不多」的標籤。

遠遠看一棵樹的時候，看到密密麻麻的葉子，好像都一樣，但世界上沒有完全相同的兩片樹葉。當你端詳兩片樹葉時，會發現每片葉子都有自己的獨特之處。

站在不同的角度看問題，看到的情景都是不一樣的。於是，你總能找到一個角度，從那個角度來看，我們每個人都相同。但是，也總有一個角度，讓我們和其他人都不一樣。

所以，當我們說一樣或者不一樣時，隱藏了一個前提——我們所處的位置。有人說你和別人一樣的時候，反而洩露了他處在什麼位置。

不過，你如果是一顆雞蛋的話，最好還是要知道自己不是奇異果。

現在即使像，以後也會不一樣

有一年春節前夕，我突然被拉進國中同學的群組。進去一看，已經有人把國中同學都找齊了。十幾年沒有聯繫的老同學，突然在群組裡相聚、暢聊，能感受到時間在每個人身上的作用。當年一起玩耍的同學，現在天各一方。有的在家鄉做了公務員，且身居要職；有的遠嫁外地，孩子快小學畢業了；有的當了老闆，每天「曬」自己的好日子……

以前我一直在想，為什麼同班同學在畢業十年、二十年、三十年後，每個人都變得不一樣了呢？要知道那年夏天坐在教室裡的，只不過是一群嬉笑打鬧、不聽話的孩子。後來才明白，一個班的同學在一起學習與生活，就像一滴墨水。畢業後各自走向社會，就像墨水滴進社會的海洋中。海洋把墨汁沖散，使每個人就像墨汁的分子，隨著波濤的湧動，擴散到四面八方。多年以後，每個分子可能在完全不同的地方扎根，過著截然不同的生活。如果想再把當年那滴墨水找回來，就不容易了。最後，唯一剩下的可能就是那一滴墨裡的共同記憶。

當我們把目光放在十年、二十年、三十年，甚至更宏大的時間尺度時，會發現每個人最終都沿著自己的人生方向長成應有的樣子，而這個樣子是外在環境和內在條件共同發揮作用的結果。我們要做的就是認真的持續行動，認真生長，至於別人做得是否比你好，別人是否說過你說的話，並不能掩蓋你作為一個獨立個體面對世界的事實。

時間會放大我們彼此之間的細小差別，直到幾十年後，這種差別變得明顯。此時，我們才驚歎：怎麼變化那麼大！在這些差別被感覺到之前，我們也許並不在意。我們在時空隧道中緩緩前行，可能並沒有清醒意識到自己正在成為誰，正在朝著哪個方向駛去。

每個人都是不一樣的，只不過有時候看上去很像而已。正因為如此，更要珍惜在持續行動的道路上遇到的每一個人。一則留言、一鍵「解除朋友」、一次忽略、一次擦肩而過之後，也許這一生你我再也不會知曉彼此的存在。

穩賺不賠的賺錢方式

寫了幾年部落格文章，我深有體會：有一種話題最容易受到關注，就是談如何賺錢。不管男女老少，只要談到怎麼賺錢，眼睛就會發亮，相關文章的點閱率也很高。那我們來梳理一下要怎麼賺錢好了。

死薪水的利弊

對大多數人來說，畢業後找到一份好工作是理想的賺錢方式。要不在公司一級一級慢慢往上爬，要不就跳槽拿更高的薪資，這些賺錢方式都是領薪水。領薪水是最省事的賺錢方法，你只要好好做完手上的事情，每個月就會有人發薪水給你。

在前幾年自媒體火紅的時候，會看到一些春風得意的作者，他們專門寫文章嘲諷那些領「死薪水」的人。不要理會這些小人得志的論調，如果你真的有一份不管公司賺不賺錢都領得到的「死薪水」，在經濟不景氣的時候，這反而是最穩定的現金流。

雖然領薪水擔心的事情較少，但缺點是不會賺太多錢。畢竟，你要先為老闆創造收益，老闆才能從公司的人力成本中挪出一小部分作為工資發給你。為了讓老闆創造更多收益，可能經常要沒日沒夜的加班，而且還要持續接受關於「加班好處多」的洗腦。

自由業除了自由還有什麼？

網路的興起降低了行銷成本，為很多普通人提供了賺錢的機會。網路讓許多人可以透過網路獲得客戶，讓更多人成為自由業。一支手機、一台電腦，連上網路，只要充分發揮專業技能就能賺錢。自由業的好處是，自己為自己工作，自己接單自己賺錢，沒人管。壞處也是沒人管，所以要一個人處理所有的事情。

自制力不強的人，沒人管就容易慢慢懈怠。自由業的風險是既無法發揮團隊的集體效應，不確定性也高。如果自由業者自身能力不足，無法抵禦市場環境的變化，不能確保穩定的現金流，可能還得面臨回去上班的選擇。在知識付費的浪潮接近尾聲時，我看到很多自由業者選擇回去上班。自由業者如果做得好，可以請人為自己工作，這時就要組織團隊了。

組織團隊的關鍵在於現金流

如果一個人忙不過來，就要建立團隊，請人和你一起工作。不用一開始就標榜自己是創業者，以免提前透支成功的感覺。與其把創業當成混入創業圈的社交手段，不如說自己在做小生意。

做小生意，就要先把現金流做起來，然後再慢慢拓展市場。要做好現金流，就要服務好客戶。如果客戶服務得好，形成良好的口碑，現有客戶也會介紹新的客源。這時，有多人協助可以幫你提高產量、放大效益。當你變成老闆時，員工創造的價值會為你加持，但你也要為團隊的生計操勞。每天睜開眼，都要與成本打交道。你要帶領團隊不斷向前走，而你的認知上限就是團隊的瓶頸。帶領一個團隊，本質上就是在開公司。企業會遇到的所有問題，你都會遇到。

除此之外，影響賺錢的另一個重要因素是行情。行情就是需要你提供服務的人數變化。如果需求量大，水漲船高，訂單就越多，越容易賺到更多錢。如果需求量小，那麼訂單量就會減少，能賺到的錢也會受到影響。

穩賺不賠，很有難度

那有沒有穩賺不賠的賺錢方式呢？有人說：「天底下沒有這麼好的事情。」有人說：「我可以教你如何穩賺不賠。」

如果你是職場新鮮人，是持續行動的初學者，建議你不要有穩賺不賠的貪念。這種想法容易讓你上當受騙，成為他人的下酒菜。如果你是堅持三年以上的持續行動者，即將開始三十年的持續行動，那麼穩賺不賠這個問題很值得思考。

賺錢的核心就是有人購買你的產品或者服務，而決定因素是購買者的需求。這個需求既可以是消費者真正的需求，也是商家能挖掘的消費者需求。誰能洞察消費者的需求，誰就能操縱和影響需求，獲得更大的利潤空間。

我們把提供商品或服務的人叫商家，把購買商品或者服務的人叫消費者。商家和消費者生活在同一公共空間。如果在國內做電商，那麼你和目標客戶生活在同一個國家，都會使用到臉書、LINE等社交工具，都會看新聞，共通重要的社會資訊。如果做的是境外電商，那麼你得常常使用外國的社交工具，以便與消費者處在相同的公共空間。

在這個公共空間中，商家可以透過行銷手段、品牌公關、內容傳播等方式，對消費者的認知施加影響。消費者有意或無意中受到商家的影響，進而做出是否購買商品的決策。相信很多人都體驗過，當你在社群發布動態的時候，會對看到的朋友產生影響。這些影響有時會改變一個人的觀點，甚至直接催生購買行為。比如，我曾經推薦過一套十幾年前出版的書。發現這套書的時候，市場價格是兩百多元，在我推薦後由於購買人數較多，這套書在不到一個月的時間內漲到了八千元。另外，如果看到一篇文章被很多人轉發，也可能會點開連結看一下。

商家為了樹立新品牌的影響力，便要想方設法在消費者心中烙下品牌印象。因此，在消費者的腦中建立新的條件反射，具有極其重要的意義。等到消費者需要的時候，第一反應就是你的品牌。

這就是一個大規模洗腦的過程。這裡的洗腦不是貶義詞，而是把想法植入大腦。誰能幫更多人洗腦，誰就能獲得更多的經濟收益。誰能建立更大的團隊，找到更多人幫你洗別人的腦，誰就能獲得更大的市場占有率。

為消費者洗腦的難度比我們想像的大很多。每個商家都想洗腦消費者，商家和商家之間也存在著競爭。但是，並不是每一次洗腦都能成功，畢竟社會上每個人的想法都不一樣，消費者也越來越明白你在做什麼，商家可以投入用於洗腦的資源也有限……

鑒於這些因素，穩賺不賠其實是很難的。但是我們不妨思考一下，如果一定要穩賺不賠，那麼需要做些什麼才能逼近目標。讀到這裡，你可以寫下自己的看法，然後我告訴你我的想法。

需求持久，賺錢才能持久

如果想穩賺不賠，要思考什麼需求是消費者持續穩定的需求。如果需求極其穩定，那麼就不需要刻意幫消費者洗腦。越是穩定的需求，越能在消費者身上自然形成。

什麼樣的需求很穩定呢？這裡就要借助時間的作用。前一章討論過，如果你能占到時間的便宜，優勢就會很牢固。同樣的，也要思考什麼需求在消費者身上的時間最長、最牢固。雖然每個人都不一樣，但是從某個角度來看，每個人又是相同的。如果想在盡可能多的消費者身上找到共同點，就要選擇一個合適的角度。要找到合適的角度，就要不停做對比。當然，做角度對比也得有個維度，否則容易亂套。維度有很多，空間、時間、地域、職業等，這裡我仍然選擇時間這個只能前進不能後退的維度。

時間有長短之分。我們先把時間的尺度拉大，從一萬年開始梳理，看看時間在消費者身上產生什麼樣的作用。

拉大到萬年的數量級，消費者的概念退去，人類的概念顯現。如果翻開歷史，在以萬年為計量單位的時間下，人類才剛剛完成演化。三萬年前，智人消滅了尼安德塔人，開始統治地球，其他人種滅絕。一萬年前，上一個冰期結束，人類剛開始生產食物，農耕活動開始出現。在一萬年的時間尺度下，我們都是猿人經過百萬年進化而來的智人。演化所留下的痕跡，今天仍然在影響我們。如果消費者的一些需求是在萬年前就已經存在的，那相當穩定。從這個角度來看，我們的生理需求、本能反應以及擇偶、繁殖的需求，是每個人都存在的。

再放到千年的數量級，人類作為一個物種的概念弱化，作為文明、民族與國家組成部分的概念顯現。幾千年以來，人因為從屬於某個文明體系而與其他人不同。中華文明的發展也屬於千年的數量級。這時，基於民族認同和民族文化產生的需求，就是千年時間的影響與沉澱。

進一步縮小至百年的數量級，在特定的文明體系下，人作為某個朝代或者社會形態下之一員的地位更顯著。我們現在的生活習慣與生活方式、甚至所說的話，都受到近百年的影響。一九一九年的白話文運動影響了現代人的寫作與表達方式，否則你現在看到的應該是一篇文言文。一百多年前的辛亥革命，推翻了兩千多年的帝制，為我們進入現代化社會打下了政治基礎。十九世紀的工業革命，推動了現代化社會的進程，我們現在享受的科技成果，便是來自這個時代的影響。百年時間培育的需求來自文化的基本面。

再縮小到十年的數量級，我們處於什麼樣的家庭以及具體的社會浪潮，對需求的影響更明顯。最近十年的網路浪潮改變了人們的生活，而這波浪潮是資訊技術革命帶來的結果，這些變化都是在幾十年內發生的。最近幾年，原生家庭的概念流行，這其實是個體意識覺醒與資訊技術的催化而形成的社會討論。以十年為時間尺度，具體的國家政策也會對每個人產生影響，從而催生相關的需求。

再拉近到一年的數量級，個體在持續行動方面的努力將產生實際的影響。我們參加一門課程或一場活動，持續了一年的時間，生活便會因此產生改變。一年左右的持續行動對我們的影響往往是話題性質，而且很多是人為製造的焦點。消費者相應也會有一年左右的需求。

再往下，還可以繼續拆分出持續三、五個月的活動，或者三、五週的社會焦點。

以上是根據時間長度的不同量級，提出的思考框架。這個框架可以反向映襯出我們的知識盲點，讓我們意識到自己在很多層面還是一無所知的。不過，知道自己不懂是件好事，至少有努力的方向。

現在回到思考的起點。探討在消費者身上什麼需求更持久、更牢固，而我提供的解決思路就是回溯時間，以不同長度的時間為參照，看看消費者會有怎樣的需求。把不同時間長度的特點梳理完以後，可以發現一些規律。

萬年級別的時間，影響的是全人類，塑造的需求來自我們的神經系統。

千年級別的時間，影響的是文明，塑造的需求來自我們的身分認同。

百年級別的時間，影響的是社會，塑造的需求來自我們的生活環境。
十年級別的時間，影響的是個體，塑造的需求來自我們的所思所想。
一年級別的時間，影響的是生活，塑造的需求來自我們的體驗感知。
一年以內的時間，影響的是感受，塑造的需求來自我們的情緒狀態。

請思考以下問題：生活中，一件事情對我們的影響越大，這件事會越明顯還是越不明顯呢？一樣物品對我們來說越是不可或缺，我們對它的感知是越不在乎還是越在意呢？

如果影響生活的因素越重要，那麼我們可能越感知不到，因為它已經融入生活當中。我們習以為常，自然毫無覺察。供水和供電設備是國家的基礎設施，我們已經習慣了它們的存在，不會隨時擔心有什麼問題。如果曾去過一些東南亞國家，你會發現供電穩定也是件幸福的事情。無線通訊信號在現代城市隨處都有，所以我們能隨時登錄社交平台，了解朋友的動態，但是身處茫茫戈壁時，你才會意識到通訊基地台有多麼寶貴。身體的循環系統、消化系統等為我們的生活保駕護航，直到生病了，才會意識到它們都是不可或缺的一部分。

人往往忽略這些看不見的因素對我們的影響，反而把注意力放在那些短暫的、突發的事件上。「沉默」的生活因素不容易被注意，然而沉默無言往往更有力量。我們每天受社會新聞影響，被重大事件牽動，而決定產生什麼反應的，其實是神經系統。而我們的神經系統是數萬年進化的結果。

如果我們想找到那些持久的需求，就要在上萬年時間沉澱的影響上下工夫，這樣需求就會很牢靠。如果你從事餐飲業，面對的就是吃的需求，也是一個來自萬年數量級的進化需求。這是一門長久生意，只要確保味道好、產品不出問題，就可以持續做下去。如果你的產品是辦公軟體培訓（這是十年級別的需求），需要考慮的是消費者在未來十年左右的週期中，有沒有可能不再需要你的產品。如果你以在社交平台上創作短片為業，要思考的是人們在未來三、五年會不會不再使用那款社交工具。

在大多數情況下，人對超越自己認知的年代，理解非常淺薄，例如我們不知道一千年前是怎樣的狀態。這會造成我們對當下社會環境的理解不夠，對於未來的選擇理解不足。

ＤＮＡ承載了人類所有的遺傳訊息，我們根據這些資訊生長發育，而且每個細胞都有一份ＤＮＡ資訊。但是作為人類文明體系下的個體，我們卻很少知曉人類文明的所有資訊，甚至連籠統的概要都做不到。透過梳理時間框架並做比對，會發現我們要做的事還很多。

如果你想賺錢，那麼應該下足工夫，找到一個既持久又穩定的需求。

穩賺不賠最直接的路徑

如果不想花太多工夫在洞察需求上，我分享一條最直接、最有效，甚至最粗暴的路徑。

在人的諸多需求中，有一個需求可以擊穿很多人的內心，那就是對於賺錢的渴望，對於財富的追求。當你看到本篇標題就迫不及待開始讀的話，你就是一個渴望賺到更多錢的人。這個需求是很多人身上持久、穩定的需求。

對照前文的理論，對於賺錢的需求至少是萬年數量級的沉澱和影響。在原始社會，由於生產力極低，人們需要合作才能生存。那時，受到客觀條件的限制，人們不得不共享，私人占有的欲望被壓制。當生產力逐漸發展，生產資料出現剩餘後，私人占有的欲望就會被釋放出來。只要人類的私欲存在，對財富的追求便會永無止境。

賺錢是很多人的需求——生存需要錢，發展需要錢，有了錢還需要更多錢，畢竟欲望可以無限膨脹。那麼，怎樣才能賺到想賺錢的人身上的錢呢？教他們賺錢！

當你說要教人賺錢的時候，那些一心想賺錢的人，就像獲得了一劑良藥，他們願意付費向你學習，而你可以透過這種方式很快賺到錢。所以有意思的事情來了：如果你沒有錢，可以透過教別人如何賺錢，來實現賺錢的目標。

有人會說：「這樣不對啊，你自己都沒賺到錢，怎麼能教別人賺錢？」但是，你有沒有想過，當你說要教人賺錢時，就有人給你學費了，還沒開始教就已經收到錢了。等你真正開始教人賺錢的時候，已經成功賺到錢，於是就可以名正言順的教人賺錢了。

至於要怎麼教人賺錢，你可以把剛剛這套方法，教給那些花錢來聽你講課的人。告訴他們，只要採用一樣的方法就可以賺錢。於是他們也如法炮製，告訴他們的朋友如何賺錢，繼續先收錢，然後教人賺錢。如果有些人跟你學了還是賺不到錢，那麼你可以把賺錢的難度再降低：讓跟你學習如何賺錢的人為你工作，幫你招生，為他們提供收益分潤，也相當於幫助他們賺錢。

如果找你學習的人最終沒賺到錢，那該怎麼辦呢？其實也很好辦。首先，賺錢本來就是一場持續行動的旅程，如果你沒有賺錢，代表不夠努力，做得不夠好。其次，當你做了「教人賺錢」這件事情後，總會有人跟著你成功賺到錢，而這些賺到錢的人就會成為榜樣，反過來論證你的教學是成功的。你可以拿著這些案例去說服那些暫時沒有賺到錢的人，告訴他們「你還要繼續努力」。同時，還可以順便推薦價格更高的賺錢課程，讓對方繼續深入學習。

我們再深入分析一下這個過程。本質上，想持續穩定的賺錢，就要找到人們身上持續穩定的需求。大多數人都有持續穩定的賺錢需求，於是你針對賺錢的需求來賺錢，是收益穩定的一件事。順著此條思路，擴展一下案例。

- 當年美國淘金熱，最賺錢的其實是賣水、賣鏟子的人。雖然很多人沒有淘到金，但是他們需要購買工具，還要喝水。
- 如果某一年股票市場很熱，證券商就會很賺錢，因為頻繁的交易貢獻了大量的手續費。在區塊鏈的概念流行時，交易所也是穩賺的。然而炒股和炒幣的人，未必就能賺到錢。
- 自媒體流行的時候，新媒體培訓成為賺錢的生意，因為太多人想做自媒體。寫作教練在這個時代也應運而生，雖然教人寫作的未必自己會寫作。
- 直銷賣的也是財富夢想，其實和賣什麼商品並沒有太大關係。雖然好的產品可以讓專案存續的時間更長，但最後一定會落到「跟著大哥混就能發財」的訴求上。

儘管教人賺錢是一條穩賺不賠的路，但並不意味每一個教人賺錢的人都能取得成功。聲稱教人賺錢的人有很多，如果你看到這段話，也可以馬上發布一則動態說：「我決定明天開始和大家分享賺錢的祕密，有興趣的回覆+1，拉你進群組。」隨著資訊流通速度加快，管用的賺錢套路會很快傳開，越來越多人知道並仿效，從而加劇了競爭的激烈程度。即使知道一個賺錢的套路，執行起來也是有門檻的，並非那麼容易就能做到。如何跨過這個門檻呢？我總結了兩個方法。

夠新、夠快，就能搶占市場

在起步階段，大多數行業都是一片亂象，誰都理不清頭緒。這時候，如果你敢站出來說：「這個行業以後前景無限，可以賺大錢。」然後開始教別人，你就容易被認識。

當一個焦點成為全社會討論的議題時，一定會有很多人想知道這件事到底是什麼。如果大家發現你已經在做這件事，你會獲得更多的賺錢機會。二〇一二年，在微信開始興起的時候，教人如何做微商，可以賺到很多錢。這兩年抖音開始流行，又有人開始教人做「抖商」，其中很多人就是之前教人做微商的。這批人熟悉行銷原理，可以敏銳的察覺到新時代的產業變遷，什麼內容紅就教人做什麼，持續製造話題，然後利用話題賺錢。

每個新行業的興起都是大洗牌的時機。如果你的動作夠快、策略夠好、運氣夠佳，就可以借助一次行業的變遷，聚集大量財富。但是，這樣做也有風險：如果你總是慢半拍，對政策和環境變化不敏感，就很容易踩空，成為可憐的接盤者。著名經濟學家凱恩斯說：

「從社會觀點來看，要使得投資高明，只有戰勝時間和無知之神祕力量，增加我們對於未來的了解；但從私人觀點來看，所謂最高明的投資，則是先發制人，智奪群眾，把壞東西讓給別人。」（出自凱恩斯著作《就業、利息和貨幣通論》）

還有人問：如果自己做得不夠好，能不能教別人呢？我們已經在前一章討論了這個問題，這裡不再贅述。在產業飛速發展的時候，需求極度旺盛，只要你敢教，別人就敢學。記得在區塊鏈概念極度流行的時候，社會各界包括體制內的機構，都希望找人來談區塊鏈到底是什麼。想了解區塊鏈的需求十分旺盛，養活了一些專門從事區塊鏈培訓的公司。我正好學了一些這方面的知識，也有機構邀請我講課。那時，我開了一個以區塊鏈為主題的粉絲團「刻意學習區塊鏈」，把自己寫的區塊鏈技術相關文章收集在一起。很快有人找到我，表達想合作開一家區塊鏈媒體公司的願望，其瘋狂程度讓我感到恐慌。

當然，在風潮中撈錢不是一件容易的事。很多人總覺得自己準備得不夠，不敢抓住機會，於是錯過最佳的進場時機。在趨勢初露端倪、形勢不明朗的時候，有很大的風險，如果決定投入，得提前做判斷。如果不願判斷、不敢冒風險，就賺不到這個錢，只能安心上班。

有了這個認知視角後，你可試著觀察「教人賺錢」領域的傑出人士，看看他們是怎樣利用他人想賺錢的需求，來實現自己賺錢的目的。在觀察的同時，也可以開始建立自己的認知，積蓄力量，等到條件成熟時，走上穩賺不賠的道路。

自己證明自己，給自己賦能

在趕上產業風潮教人賺錢之前，還需要做一件事——證明自己。證明自己有兩種方式，一是找別人證明自己，另一種是自己證明自己。一般來說，找別人證明自己有一個前提，就是要先自己證明自己，這樣別人才會信任你，願意為你背書。打鐵還需自身硬，如果底子不夠硬，就要為自己搭檯子，緩慢升級。

最近幾年，「賦能」這個詞非常流行，常出現在某個平台大哥和小弟們的對話中：「跟著我混有飯吃，我給你們賦能，讓你們獲得資源。」我們可以透過合作夥伴的賦能來擴大事業，但是第一步是自力更生，自己給自己賦能。有一句話說得好，「弱國無外交」。

教人賺錢這件事也可以透過自我賦能不斷升級。一開始你只是做一件普通的事情，比如賣英語課程，教人如何讀英文等。要做好這件事，應用前幾章的持續行動理論便足矣。

等你賣了幾年課程，銷售成績不錯，也獲得了影響力的時候，就可以開始做第二件事。第二件事情就是教大家如何做第一件事。你需要升級認知，用更高級、更抽象、更時髦的詞彙形容你教的東西。比如你原來是英語閱讀課老師，那第二堂課就教大家如何做內容創業或知識ＩＰ。這樣，就開發了新的品項，層次也升了一級，還不和原有業務重複。賣英語課既可以說是內容創業的一種方式，也可以說是知識ＩＰ的細分領域。在這兩個詞彙流行的時候，借用它們來推廣做的第二件事情，就有可能趕上熱潮。因為在更高的層面上教大家做第一件事，定價自然可以更高一些，至少可以貴十倍。為了營造差異化的氛圍，表現形式也要有所不同。比如，以前都是錄製好英語課放在網上賣，現在要教大家怎麼賣英語課，就能以社群的形式，在社群中嵌入英語課，這樣至少看上去感覺不一樣。

如果第二件事又持續了一年以上而且效果很好，那麼就可以考慮做第三件事了，即教大家做第二件事。這個時候，你又要選擇一個更抽象、更高級的詞彙，最好是貼近時代焦點的。想想，你現在已經是一個既能賣英語課，又能教別人如何賣英語課的人了，那是不是可以教別人如何像你這樣既賣英語課又能教別人賣英語課呢？你可以開發一門教人如何創業的課程，或者教人如何賺錢的課，還可以教人打造個人品牌等。用最近流行的詞彙包裝所做的第三件事情，形式上創新一下，做成大型課程，甚至可以包一座遊艇作為授課地點，這樣課程價格可以再提高十倍、甚至百倍。

你看，在折騰了一圈以後，最終又回到了教人賺錢的點上。

教人賺錢就是複製自己

在科學研究領域，人們往往會根據引用次數來判斷一篇論文的價值高不高。引用就是其他人在自己的論文中提到你的研究成果，代表他人對你的肯定。一般來說，被人引用次數比較多的論文，價值更高，影響力更大。這就像點閱數和轉發數能在一定程度上代表一篇文章的影響力一樣。在科學研究領域，人們把研究人員發表的所有文章被引用的次數作為評價學術水準的一個標準。這樣的做法也有一定的弊端。為了讓資料好看，部分研究人員會採取引用自己論文的方法，提高文章的被引用次數。比如，我發表了第一篇論文沒有人引用，引用次數為零；在發表第二篇論文的時候，我如果引用了第一篇的內容，那麼引用次數就提高到了一；再發表第三篇論文，如果引用前兩篇論文，引用次數便達到三了，以此類推。

當然，這個套路在科學研究界早已經被識破，並且為人所不齒。為了防止這種情況出現，人們開始分開統計「自引」和「他引」的次數。自引就是引用自己的論文，他引就是其他人引用你的論文。不是說不能引用自己以前的文章，畢竟研究工作是循序漸進的。如果一篇論文引用次數中，自引比例太高，人們就會覺得該作者的學術能力可能有問題。

但是在商業領域，或者就個人成長而言，自己引用自己，自己給自己賦能，並不見得是一件壞事。在沒有得到他人認可的時候，就要不斷以自己證明自己的方式來獲得更多人的信任。在我開始做社群的時候，很多人就是因為看到我每天都寫文章、發表文章，從而對我產生信任並加入我的社團。那時候，我就是透過引用自己過去的行動和文章來證明我是值得信任的。當我們持續做一件事情的時候，如果有人在很長一段時間內看到我們一直在做這件事，就能累積別人的信任，而信任是別人願意與你建立聯繫的第一道門檻。

可能有部分讀者會認為，透過教別人賺錢來實現賺錢的方式是可恥的。這裡先不討論價值取向，也不做道德的評判，但是我希望透過分析向大家描述一個在商業社會中常見的現象。至於這種現象為什麼會存在，要思考背後的原理，並且在理解以後，選擇是否採用。

從抽象的角度來看，教人賺錢本質上是一個自己複製自己的過程。當你持續行動到一萬天（十的四次方）也就是三十年左右的量級時，複製自己就會是一個很有意義的話題。其實，所有存續三十年以上的個體和組織，都要思考如何更好的複製自己。

繁衍是最普遍的生命現象。細胞分裂就是自己複製自己的過程——DNA在複製自己的過程中，不斷把遺傳訊息傳遞下去。你如果創立了一家公司，那麼也要面對複製自己的問題。公司的本質是組織一群人，落實願景、使命和價值觀。在不斷發展的過程中，一家健康發展的企業就是要把組織的文化、理念，複製到每個員工身上。

同樣的，人們經常說傳承和發揚革命精神，其實就是指要在精神層面做好複製自己的工作。老一輩的革命精神，要在下一輩或下幾輩人的思想和行動中有所體現，這也是複製自己的過程。自己複製自己是個龐大的工程，在同一段時間，有人剛剛開始複製，有人已經完成複製，這就像家庭代代傳承的過程，只有形成階梯式的隊伍，才能持續發展。

其實，現在面對的老齡化問題，也源於我們在複製自己的事上沒有到位。如果社會中的大量個體沒有生育意願，不願意「複製自己」，那麼這種想法就會傳播出去（注意，傳播也是複製自己），以至於更多人不願生育，不願意複製自己，文明便會在複製自己的道路上遇到困難。把時間拉長，如果沒有做好複製自己的準備，最終就無法實現持續發展。

在持續行動的道路上，當我們從十天、一百天、一千天的量級走來，最終到一萬天時（三十年左右），要開始思考複製自己的問題。當然，如果你做得好，越複製自己，自己越強大；如果你做得不好，越複製自己，失敗的風險越高，崩盤得越快。

邪惡更容易複製

一九二〇年，美國一位證券公司的老闆出售一種期票，並且給出這樣的承諾：

每張期票面值一千美元，購買者可以在九十天後，在該證券公司或者任意一間銀行支領一千五百美元。

三個月五〇%的回報率，相當於二〇〇%的投資報酬率，這位老闆為什麼敢這樣出售期票呢？

原來，這位老闆偶然發現了一種郵政回信禮券。禮券的作用是，購買者可以提前在本國預付郵費在其他國家使用。這種禮券在歐洲只要一美分，在美國能兌換回六美分的郵票——只要把郵票賣掉，就能收穫五倍的利潤。他覺得這是一個賺錢的事業，只差錢了，於是募集資金，號召大家一起買期票賺錢。為了宣傳這項賺錢事業，老闆還找了《紐約時報》來採訪。老闆在採訪中講述自己實現美國夢的故事：從義大利移民到美國，努力工作，最後發現致富的機遇，搭上熱潮，成功逆襲。

賺錢的故事總是格外吸引人，老闆的故事傳開了，很多人知道他在做的事情，想跟他一起賺錢。期票賣得很好，他在一週內就收到一百萬美元。這算是一個好的開始。按照正常的邏輯，老闆應該拿這些錢去歐洲買郵政回信禮券，然後以六倍的價格賣出去。

然而，他並沒有這麼做。老闆拿這一百萬美元買了別墅、股票……只剩下一點錢。剩下的錢也沒有買禮券，因為那時每年發行的郵政回信禮券加起來也不到八萬美元。他就算把市場上的禮券買光，然後拿到美國賣掉，也不足以償還投資人的利息。

到這裡，你應該能看出來，老闆說的賺錢事業是無法成立的。購買郵政回信禮券、換成郵票、再賣掉的套路行不通。講直白一點，這就是一場騙局。

然而，期票還是要兌現的。花一千美元買期票的人，指望在三個月後拿回一千五百美元。但是，前面說的禮券賺錢方式已經行不通了，怎麼辦？

每個人思考問題的方式都不一樣。這位老闆雖然在報紙上登廣告，但是他壓根就沒想買回信禮券賺錢。既然有那麼多人來購買期票，而且一週就賣了一百萬美元，那就直接用後面買期票的人掏的錢來付先來者的利息好了。於是，當第一批購買期票的人在九十天後，要拿回本金再加五〇％的利潤時，這五〇％的收益便是直接來自第二批、甚至更晚一批購買者的本金。買得早的人，其實賺了買得晚的人口袋裡的錢。

這種玩法會不會有什麼問題？開始大家都很開心，因為老闆兌現期票很守時，甚至還能提前兌現承諾的收益。有了這些鮮活的案例，大家都相信賺錢這件事是真的。那後面出現問題了嗎？

這位老闆名叫查爾斯．龐茲，我就叫他龐老闆好了。你也許沒聽過這個名字，但是你很可能聽過一個詞——龐氏騙局。龐老闆最終流亡到巴西，去世時身無分文，只將名字留在了歷史裡。

當年那個賺錢的偉大事業，最後是怎麼暴露的呢？《波士頓環球郵報》的記者對龐老闆做了調查，並發表了一篇質疑的文章。因為龐老闆一直按時按點兌現期票，所以並沒有什麼人理會這名記者。投資人賺錢賺得好好的，不願意相信這是個騙局。

記者不服，繼續深挖，發現龐老闆有犯罪前科，更關鍵的是，報導直接指出龐老闆不可能有能力給所有人兌現收益。報導一出，龐老闆聞風而逃，拿著兩百萬美元跑到賭場。龐老闆希望透過豪賭，贏一大筆錢兌付利息。指望在賭場翻身，無異於羊入虎口。毫無懸念的，他失敗了。新聞報導出來之後，事件不斷發酵，龐老闆被捕，公司倒閉。法庭上，龐老闆承認自己收到的錢足以買一．八億張郵政回信禮券，但是辦公室只有兩張禮券樣品。龐老闆根本就沒打算用錢買所謂的回信禮券，他唯一想做的就是花掉這些錢，然後用後面收到的錢填之前的坑。

二〇一五年也發生過類似的案例。有個年輕人在網路上說自己馬上要出國讀書，但是手上有兩千本藏書，打算在出國前把它們賣掉。年輕人的文章寫得不錯，那篇富有情懷的賣書文章很快傳遍了網路。文章寫道：錢隨便給，我隨緣寄藏書給你；藏書裡有很多絕版好書，價值不菲，也許你會收到好運。出人意料的是，文章紅了，年輕人收了將近一百萬元的購書款。哪有這麼多藏書可以賣呀？但是他也沒想要退錢，於是跑到圖書批發市場買了些廉價二手書，寄給那些滿腔熱血給他錢的人。匯錢的人收到書一看，發現他們收到的大多是一樣的！關鍵是這些書並不值錢，屬於地攤貨。事情穿幫之後，網友們恨不得把這人給扒了。最後年輕人退了錢，哭哭啼啼的請求大家原諒，並關閉社群帳號，宣稱永遠不再發言。不過一年後，年輕人又改名換姓回鍋創業了……

對比之下你會發現，還是龐老闆的手段更「高」一些，不愧是在歷史上留名的詐騙「藝術家」。當他的期票賣得比實際要多的時候，他才不會想著退錢，而是直接用後來者的錢補先來者的錢，有時候還提前兌現收益，所以還有投資人幫他說話。而送書的年輕人，就算寄給別人現買的書，也不弄得逼真一些，這樣根本沒有人幫他說話，而他也被當作過街老鼠。

年輕人賣書的事情為什麼能紅起來呢？這裡也有一個很經典的套路，是根植於人心對「不確定性」的需求——你給我錢，我寄書給你，至於是什麼書，收到了你才知道。這種隨機性和偶然性，就像俄羅斯輪盤一樣充滿刺激，為人帶來快感。後來，這個「你花錢，我隨機寄書給你」的套路，也被很多商家借用。用戶感受到驚喜，商家也清理了圖書庫存，雙贏。

再回到龐老闆。龐老闆做了什麼？他只是告訴其他人這個可以賺錢，而且收益很高。光是這一點，就讓他賺了好多錢。這也充分說明，賺錢這個需求，對很多人來說真的是硬性需求。教人賺錢，真的能賺錢。

但是，這樣做會有什麼問題呢？

龐氏騙局的底層邏輯：找人買單

今天，人們會用龐氏騙局來代指各類傳銷活動。傳銷組織往往使用「高回報」「躺著賺」等口號宣傳。在這個基礎上，傳銷者採用分潤、積分、發幣、集資等形式包裝自己，遮蔽人們的視線，讓人不容易看出這是騙局。傳銷活動中，先進入的投資者的回報，不是來自商業活動產生的收益，而是來自那些新加入的投資者的口袋。

龐氏騙局的概念也可以進一步延伸，泛指脫離經濟基本面的金融市場泡沫。龐氏騙局有兩個關鍵步驟。第一個步驟是建立專案，找到源源不斷的新人掏錢入場；第二個步驟是把新人掏出的錢作為項目收益，獎勵先入場的人，營造高收益的假象。當看到某項目收益夠高的時候，人們會自發性傳播出去，吸引更多新人入場。

龐氏騙局有時候並不容易被發現，因為經過包裝的騙局和正常的商業活動很像。如果把龐氏騙局做得複雜一些，增加資金流轉環節，你甚至看不出項目收益來源，還會視為很成功的高收益商業項目。再退一步說，專業的龐氏騙局玩家經過長期的持續行動和刻意學習，可以把一個專案包裝的很好，而未經訓練的消費者根本沒有能力辨別真假。

龐氏騙局的第一步是找到源源不斷的新人入場掏錢買單，而正常的商業活動也需要找人買單。商家如果想把產品賣出去，就要不斷推廣，擴大市場，找到更多人來付錢購買。只有更多人買單，才能為提供商品或服務的生產者帶來利潤，為股東帶來投資回報。

從生活常識來看，找人買單是生活中再正常不過的事情。當我們認為自己需要一件商品或一項服務時，我們會為其買單。不能因為一個東西需要找人買單，就認定它是龐氏騙局。事實上，如果你提供的商品或服務沒有任何人買單，得不到市場認可，反而證明了你的失敗。

買單不僅適用於實體商品，也適用於虛擬商品。有人認可你的理念，有人支持你的想法，有人喜歡和你一起玩……都代表有人願意用金錢、時間、腦力與體力等資源為你買單。

買了，就要用

但是，買單之後發生的事才是最關鍵的。

我們購買商品和服務，最終是要把這些商品或服務真正消化或者消耗掉，讓它們發揮使用價值。你在餐館點菜，點了以後要食用；買一支手機，也要在生活中使用。不管是飯菜還是手機，最終都要在我們的手裡發揮作用。

關於商品的使用價值，馬克思在《資本論》的開篇就有表述：「物的效用，使那物成為一個使用價值。」之後，馬克思還專門引述了十八世紀英國哲學家約翰·洛克的觀點作為注腳：「任何物的自然價值，皆存於其適宜性，適宜於供給人生的必需，或適宜於供給人生的便利。」

現在，請你思考以下兩種情況。

第一種情況：有人買了商品或服務，要嘛自己用，要嘛再賣給下一層。雖然經過層層流轉，但是該商品或服務最終仍被人使用、消耗，完成了使命。

第二種情況：有人買了商品或服務，自己不使用，賣給了中間商，中間商又繼續賣給下一家，持續下去。沒看到最終有人使用該商品或服務。

在第一種情況下，最終的消費者使用了商品以後，消費者買單所掏的錢，透過商品的流轉通道層層回溯，最終變為商家的經濟利益。商品透過管道流轉到下一家的時候，最終總有一個下家把商品用了，停止其繼續向下流轉。這時再也沒有下家，最後一位下家成了終端。

以寫書為例。在出版社與作者約定的稿費合約中，有一種結算方式是書出版以後，出版社收到銷售額後再與作者結算稿酬。也就是說，作者拚命寫書，出版社把書出版，再透過各種管道鋪貨，最終被你選中買走。只有當你掏錢買了這本書，才能結束前面層層流轉的環節。書店收到了買書的費用，然後再定期和出版社結算，最後出版社再和作者結算稿酬。由於這個週期比較長，所以出版社一般要半年甚至更長時間跟作者結算一次稿酬。當然，如果是優秀的作家，可能在寫書前就收到出版社的預付款。

另外，如果你的書一直擺在書架無人問津，那麼書店會根據情況要求退貨，然後書會被退回出版社，出版社再把這些書送到倉庫回收。出版社在這個項目上可能會出現虧損，後續就會選擇不再加印這本書，甚至這類書都不會再出版了。

不僅是出版業，所有行業的產品和服務最後都需要有人或機構買單，這就是經濟活動的基本面。只有商品最終發揮了使用價值，經濟活動的週期才能形成閉環。商品的生產者層層向外傳播商品，期待有消費者買單。有沒有人為一款產品買單，會層層反向傳導，最後傳回至商家，進而使商家決定增加或減少產量。我們一直說的市場需求，指的就是最終有多少消費者願意買單。

有沒有人使用商品？

現在看第二種情況，如果商品一直在找下家，那麼就不會有最終的消費者出來買單並結束層層流轉的過程。沒有人真正掏錢買下這些商品，商品的生產者就不會像前面提到的出版社一樣收到來自市場的回饋。這樣一來，生產者無法從最終端的消費者身上獲得經濟收益。

這個時候怎麼辦？一件商品不可能永無止境的尋找下家，否則經濟活動無法形成閉環，成本無法回收。既然沒有最終端的消費者掏錢，那就從層層流轉的環節收錢好了。商品的生產者要先從第一層的中間商手裡賺錢，第一層的中間商要從第二層中間商手裡賺錢……如果沒有人最終為商品買單，就像開啟了一個無限的迴圈，越往下流轉越需要更多人參與進來，才能填補前面的人攫取利潤時留下的窟窿。

這已經是龐氏騙局了，即後來者為先來者貢獻收益，並且一直找不到最終的使用者來買單。但是，怎麼可能把所有人都捲進來變成下家呢？哪怕是正經八百的經濟行為，也不太可能讓所有人都成為消費者。如果龐氏騙局越做越大，一定會遇到越來越大的阻力，終究會有人跳出來反對，製造輿論並披露真相。回想一下，當時龐老闆在操盤騙局的時候，有記者就發出質疑之聲。當最終沒有新人入場接手，而場內的人紛紛要退出的時候，這種龐氏騙局就會崩盤了。

是不是騙局，就看這裡

在考察完兩種情況之後，區別就很明顯了。商品和服務到底有沒有人使用，到底有沒有人在最終環節兌現價值，是區分一個專案是不是龐氏騙局的核心點。如果有人持續為商品或者服務買單，並且消費掉商品或服務，這就是最基本的經濟行為。如果龐老闆老老實實買了郵政回信禮券，每年不到八萬美元的發行量就是一門賺錢的小生意。如果賣書年輕人老老實實的賣掉現有的藏書，不貪戀別人多付的錢財，也不會落下一個臭名聲。

當你不再關心有沒有人真正消費商品，而只是讓後來者為先來者買單，也沒有底層的業務交付，就可以確認你是在玩龐氏騙局。寫到這裡，我為當年的賣書年輕人捏把汗，那時他已經一腳踩在龐氏騙局的邊緣了。他利用文字帶來的影響力獲取不正當的收益，已經接近詐騙了。廣大網友的針鋒相對，其實挽救了一位失足少年。

為什麼龐氏騙局會讓人義無反顧？

今天龐氏騙局仍然存在，而且形式多樣，以致我們無法準確分辨。前文已經提到正常的經濟行為要有人使用商品，這樣才能產生利潤，而龐氏騙局是讓後來者為先來者貢獻利潤。但是，兩者之間的分界線有時並不明確。如果有人把兩者結合起來，加上一些高明的偽裝手段，就不容易明辨是非了。

如果消費者的確購買並使用了某商品，但需要先支付一筆錢才能獲得購買資格，或者在消費者購買商品後，對促成消費的上一層人員進行計酬獎勵，那麼這時的後來者也是在為先來者貢獻利潤。這種情況算不算龐氏騙局呢？

很多龐氏騙局的操盤手，用障眼法把多層的計酬鏈條偽裝成一段兩層計酬的合法專案，一般人很難分辨出來。另外，如果龐氏騙局的操盤者有能力做公關干涉，利用傳播手段影響人們的認知，那麼後果不堪設想。我認為龐氏騙局的核心根本不在於傳銷的形式，而在於我們的心態。我們如果想繞過產品或服務的交付環節，直接從後來者身上賺取利潤，還想複製這樣的機制，持續擴大利潤，就容易掉入龐氏騙局的陷阱。

綜上所述，我們應該明白，一樁買賣是否被認定為龐氏騙局可能沒有那麼重要，重要的是選擇相信什麼樣的理念，以及這些理念會把我們帶到哪裡。不妨透過以下幾個案例來做一些解讀。

案例一：微商時代的面膜生意。

微商時代面膜生意曾經極其火紅。經常能看到很多微商年收入幾百萬元，每天在網路曬自己的交易帳單。那些一天賺百萬的，並非直接把產品賣給消費者，而是有下一層的代理商願意大量進貨，像批發商一樣一次性採購大量商品。下一層代理商進貨的原因未必是有消費者購買使用這些產品，而是他們相信仍然會有再下一層的代銷繼續買單。假如最終消費者一直沒有出現，就很像龐氏騙局了。如果層層傳遞到最後一層代銷，正好有消費者願意買單，把這些面膜買完了，那麼從總代理到消費者的流通路徑就完成了。這時，如果你說這是龐氏騙局，那麼微商會說「我們只是做網路批發零售」。

一般來說，代銷的級別越低，銷售的壓力越小，最低級別的代銷可能只需要賣出十盒面膜。如果商品最終在代銷手上賣不出去，就會出現囤貨的情況。剛開始時面膜量少，因為大家都想試一下這樣的賺錢方式，如果賣不出去大不了自己把面膜用掉。但是，後期高利潤的驅動讓更多人開始做微商，面膜生意就成了一種拉人頭的遊戲，畢竟自己用不完了。

由於社交網路平台的發展，微商更容易把一批人聚集在一個社群中，利用社群的封閉特性，對成員「洗腦」。而洗腦的方向無非就是「這個產品好，賣這個可以賺大錢」。這就回到前文提到的「教人賺錢」是萬年數量級的重要需求。所以，如果有夠多人認為某個商品可以賺錢，總代理就會把這些人打造成不同層級的下線代銷。

但是，當一個商品供過於求的時候，就會出現囤貨的情況。囤貨的後果就是，要嘛找上一層退貨，要嘛爛在自己手裡虧損。如果生產商生產了遠大於需求的商品，根本找不到夠多的消費者來使用。所以，當各個層級代銷都發現商品不好賣時，就會停止代銷這款產品。

總代理為了破解這個難題，往往會採用三個方法。第一個方法是不停找新人加入。新人加入的理由一般都是做微商能賺錢。從這個意義來說，微商更多是在兜售一種「跟著我發大財」的願景，賣什麼產品反而不重要。第二個方法就是不停換產品。如果總代理因一款產品獲得高利潤，一方面其他競爭者的加入會帶來同類產品的競爭壓力，另一方面代銷人員會選邊站，最終拉低利潤水準。所以只要換個產品，就能保持新鮮感，還顯得與時俱進。第三個方法是把朋友圈設定為最近才認識的。這樣一來，新認識的朋友就不知道你原來賣的是什麼產品，每次專案重啟就像新的人生開始。

不過要注意一點，由於大部分微商並沒有廣闊的人際影響力，只能從身邊的人下手，把自己的親朋好友變成潛在的成交對象有一定的副作用——你未必能賺到很多錢，但是周圍的人會認為你在賺他們的錢。這是一直要招募新人的原因。每來一批新人，就意味著新人的朋友裡有潛在的新用戶。同時，傳銷組織也具備類似發展親朋好友為下線的特點，於是就容易造成微商社會影響力不高的現象。

我有一位朋友是高知識分子，擁有博士學位，並且身居要職。她認識了一位網路事業做得很成功的微商朋友，於是也想靠微商賺錢。但是，她在做微商前隱藏了自己原有的社交圈，不想讓工作圈和生活圈的人知道自己在做微商。這表示這個領域若非很能賺錢，否則不容易獲得大家的認同。

但是，我們不要單純批判微商好或不好，而要看背後的原理。尤其在我們理解了龐氏騙局的本質以後，你可以把微商看成一種滅活的病毒。滅活病毒可以激發人產生抗體使人體免疫。如果滅活失敗的話，這種病毒就是致命的。

微商的強大作用就是利用網路進行商品分發，再加上社交背書的作用，可以加快資訊流通，從而帶動商品的流通。很多傳統企業才剛開始觸及微商這個領域。微商可能產生的副作用是，把龐氏騙局的要素引入，透過拉人頭的方式創造利潤，產生較大的風險。

案例二：知識付費的築夢事業。

知識付費這個詞是從二〇一六年左右開始紅起來的。所謂知識付費就是在網路上花錢買課程，課程就像書、雜誌或者報紙一樣，只不過變成電子形式。借助行銷手段與網路平台的放大效應，知識付費為很多製作課程的平台以及老師創造了財富。

知識付費的重點在於付費，而不在於知識。獲取知識並不難，從圖書館借書閱讀也能獲得知識，不僅量大還很便宜。但是，知識付費如果只是把傳統的知識做電子化處理，就沒那麼容易收到用戶的錢了。所以，知識付費會特別強調它們提供的是「精心煉造」的知識（說得好像書本上的知識沒有被煉造過一樣）。

傳統的知識學習方式，學習者得花費大量時間和腦力做深度加工（這樣才能逐漸理解並掌握知識），偏重於建立知識體系。但是，知識付費的「煉造」，一般是指簡化內容和邏輯、增加趣味性案例，或提供一些與往常不同的視點，讓你不用花太多時間就能感覺有所收穫，既新奇又有趣。

知識付費的價值就在於讓人們在短期內大致了解一個領域在做什麼，並且達到獲取知識的目的，且不用付出太多代價，比如一邊開車一邊聽說書，就能聽完一本書的精要，日後還能變成談話題材。當然，知識付費也有副作用：因為加工深度不夠，內容大多經過簡化，忘得也比較快。

知識付費的放大效應依賴網路傳播，尤其是分潤模式的出現，更擴大了傳播的效果。當某個平台推出一門課，經常能看到一群人在社群中推薦，尤其是一些垂直的關係。這麼多人推播，是真的因為上了課而推薦嗎？不一定。有人是幫朋友推薦課程以增加銷量，更多人是因為分潤機制而推薦。如果你經某人的推薦買了一堂課，推薦人可以拿到五〇%甚至更多的分潤。比如一堂課賣兩百元，設定五〇%的分潤，朋友因你的推薦購買之後，你會收到將近一百元的收益。而當朋友購買課程後，他也會想在自己的社交圈傳播，以獲得分潤並吸引更多人購買。

這已經有點像龐氏騙局的第一步——後來者為先來者貢獻利潤。你購買課程以後，一定會聽嗎？如果不聽，買課的其他大多數人也不聽，這就會出問題。這門課的價值沒有發揮出來，只變成一個收入轉移的遊戲。當某位大咖推出一門課時，你在第一時間買下來獲得了一個分潤連結，然後在自己的社交圈轉發，吸引更多人購買，從而獲取分潤。這樣一來，後來的人買課交的錢，會「分」一半給你作為收入，於是你完成了一次影響力變現。

這時，課程內容並不重要。只要老師是大咖、有影響力，再配上一些預先準備好的網路好評，設計出具有吸引力的文案，就會有很多人來購買。購買的人也許只是覺得自己需要聽這門課，於是掏錢下單。但是如果消費者最終並沒有真正使用這門課，那麼對他而言，課程就沒有產生效用。

課程的真正價值需要透過學習和行動來兌現。如果大家只是把這門課當成可兌現的期票，後來者的錢轉移到先來者的口袋，那麼即使利益分配在三層以內，仍然不能排除龐氏騙局的嫌疑。

如果知識付費行業的用戶只是不停買課，卻從來不學習與實踐，那麼這個行業很難健康的發展下去。就像餐廳做出來的飯菜，客戶只買單不食用，無法使商品價值落地，最終客戶不會再買單。如果知識付費的用戶只是不停買課，然後分享出去，指望其他人再買課而賺到分潤，這就是一場純粹的龐氏騙局了。於是我們可以說，如果用戶只買課卻不聽課，價值並沒有實現閉環流轉，最後這些課程一定會越來越難賣。

從二〇一六年到二〇一九年知識付費行業的演進過程來看，業者已經普遍感覺到課不好賣。於是「行動付費」反而成為比較主流的思潮。但是，從知識付費到行動付費，經營壓力更大，規模也有所限制，銷售額和利潤都會大幅下降。畢竟，你可以想一下，正經的學習需求對大眾而言，牢靠嗎？穩固嗎？社會大眾慢慢意識到需要終身學習，也不過是最近十年的事情吧？

如果我們認同知識只有透過實踐才能產生價值，那麼「知識透過分享而產生價值」，便是一種龐氏騙局。當我們學到知識並實踐，而非單純的分享出去，才能發揮知識的重要作用。分享的確可以讓我們以「輸出刺激輸入」的形式掌握知識，但最終的落腳處一定是把知識轉化到每天的生產和生活中。

總會有人說「你把這個分享出去，只要你能教會別人，你就會了」，這不就是「後來者的投資」變成「先來者的利潤」模式嗎？別人是怎麼學會的呢？自然就是繼續把這些知識分享出去，然後這個知識就被當成金融產品分享給其他人。分享固然是好事，但自己要先掌握才行，否則就會「以其昏昏，使人昭昭」。

為什麼龐氏騙局那麼吸引人？因為人們總是希望得到不切實際的回報，而且容易高估自己，認為自己有高於平均水準的判斷力。社會心理學對此已有深入的研究，結果顯示，我們對於自己的認知並不準確，往往有很大的偏差。當有人承諾五〇％的收益時，你根本不會管風險有多大。然而，你看中的是別人承諾的利息，別人看中的是你的本金。

人對於錢的欲望是無限的，這是萬年數量級的需求。所以，我們看到各種龐氏騙局層出不窮。從這個意義來說，龐氏騙局是「永生」的，生命力非常頑強，其持續行動的能力非常極致。有時，相對於正義的力量，邪惡的力量甚至更強大，就像癌細胞反而比正常的細胞更有生命力。癌細胞可以無限分裂，比正常細胞容易繁殖，更容易複製自己。癌細胞不用像正常細胞那樣承擔人體運行的任務，癌細胞要做的就是把攝入的能量用來不停自我繁殖，不斷分裂，就像龐氏騙局那樣，用後來者投入的錢支付先來者的收益。

我認為龐氏騙局的危害倒不在於錢財，而在於對信念的侵蝕。長期習慣透過龐氏騙局的方式製造利益，會讓人不再專注於單純的生產商品，變成只顧複製自己的「商業癌細胞」。但是，只有生產更好的商品，提供更大的使用價值，社會才能持續發展，才能不斷為人類謀福祉。

因此，在持續行動的道路上，我們要保護好自己的大腦，不要讓有害的理念侵蝕自己的信念，這是比賺更多錢更重要的事。

大腦比錢包更值錢

大腦是人體非常重要的器官。我們每天都在使用，卻很少關注並了解。大腦承載了神經系統，而神經系統就是生存與發展的總指揮。我們如何看待自己，如何看待世界，如何與社會建立聯繫，都需要透過神經系統。一直以來，我都將大腦視為黑盒子，未曾想過進一步了解原理。我在持續行動第三年的時候才開始意識到，神經系統對個人成長和進步有非常重要的意義。

如果你是文科生，處理的是人與人的關係、人與社會的關係，比如怎樣影響他人、怎麼領導他人、怎樣消除偏見、怎麼打造品牌、怎樣推動傳播。不管你借助什麼媒介，最終要面對的都是一個又一個個體。而每一個個體的所思所想，喜怒哀樂，其實都由人的神經系統決定。人類的演化方式決定了我們有相似的神經系統。

因此，對神經系統的學習和研究，有利於我們更理解自己的邏輯，畢竟每個人的脖子上都有一顆腦袋。

如果你是理科生，不管學的是機械電子還是資訊能源，做工程還是搞研究，首先要做的也許不是了解其他人在想什麼、怎麼想，而是要學習自然科學。自然科學的發展有獨自的規律，涉及大量概念、邏輯、推理以及思辨的過程。很多人在高中時，因為害怕理科的大量符號和公式而選擇文科。既然你選擇了理工科，就意味著必然得攀登科學技術的高峰。為了攀登高峰，就要開發自己的大腦，學習各種理論、符號與公式。這時，如果了解神經系統的知識，就能更理解大腦的學習規律。結合大腦的運行規律來學習，可以更有效的掌握新知識。

當今社會，人們求好心切，尤其在教育方面，許多家長更是望子成龍、望女成鳳。於是，許多機構紛紛藉著「大腦潛能開發」「全腦閱讀」「超級記憶」等噱頭，為孩子提供教學服務，並收取高額的費用。這些機構龍蛇雜處，但是很多家長沒有能力分辨，被各路神奇心法迷惑，最後只獲得安慰劑的效應。如果要破解這個問題，只能提高自身的文化知識水準，防止受騙。學習神經科學讓我們更了解當今科學界對大腦的最新研究，破除關於大腦的迷信。更重要的是，不再容易因為商家製造的焦慮而動搖，從而省下不必要的花費。

研究大腦神經系統的科學叫神經科學，我發現神經科學和很多人關心的領域有很強的相關性。甚至可以說，神經科學打通了許多不同學科之間的壁壘。

神經科學是心理學的基礎邏輯，而心理學是研究人的大腦對心理活動的影響。心理活動的基礎就是神經元的活動。了解神經科學，對了解自己有很大的幫助。這樣，神經科學和個人心理狀態便連接起來了。

神經科學研究的是大腦如何組織運行，從而使人獲得認知世界的感官體驗，並且完成複雜的推理。當前最熱門的人工智慧技術，也以人的神經系統為研究對象，透過程式設計的方式類比。現在非常流行的深度神經網路模型，其實也來自神經系統的啟發。透過學習神經科學，我們和電腦技術以及數學、統計學連結起來了。

神經科學的研究可幫助理解大腦運行的機制。至於如何學習更有效、更符合大腦認知規律，需要重點參考神經科學的研究成果。如何學習是很多人關心的話題。學習神經科學，可以直接應用研究成果，形成學習方法論，促進個人成長。尤其是那些令很多人感到頭痛的學科（如數學、物理等），更要遵從大腦的規律。

神經科學是一門基礎學科。每個人都有大腦，而大腦有神經系統。所有刺激大腦的產品，基礎邏輯都由神經科學的規律在支撐。寫作、編劇、行銷等都要處理大腦，都與神經科學的應用相關。所以，從事創意工作的人也需要學習神經科學的知識。

鑒於神經系統如此複雜，是一個活的複雜系統，並與複雜系統學科產生緊密的連結。因此學習神經科學，能幫助我們理解複雜的系統。

只要涉及人的領域，神經科學都能在基礎發揮作用。縱使自然科學不以人為研究對象，但學習和研究自然科學需要大腦發揮作用，所以也需要遵循神經科學的規律。

對大腦好一點

很多人常說，想過好生活就要對自己好一點，於是花錢買好吃的零食和漂亮的衣服，住寬敞的房子。但是，很少看到有人說，要對大腦好一點。我們對吃什麼食物、穿什麼衣服很挑剔，卻好像不在意用什麼資訊影響自己的大腦。

大腦在人生中的作用極其重要。如果有人得了腦血管疾病，大腦遭受損傷，很可能會出現癱瘓等情況，生活起居和交流溝通也會受到影響。而且康復過程極其緩慢，病人和家屬都要付出非常大的代價。

我們除了在生理層面防範腦血管疾病的發生之外，認知層面上更要保護大腦。具體而言，要搞清楚是誰在用什麼方式影響著大腦，以及自己是否接受這種方式的影響。進一步，我們相信什麼、不相信什麼，擁有什麼觀點和信念，直接決定了我們的生活狀態。

人的一生是持續演進的過程，如果大腦的觀點和信念在一開始產生微小的偏差，隨著時間推進，就會慢慢擴大成顯著的差距。大腦裡的想法，終會變成生活的現實，從而形成人與人之間的巨大差異。隨著年齡增長，發現越來越多同齡人獲得遠超過自己的成就。我們感到和他們完全不在同一個等級的時候，一定要意識到背後都是多年持續行動的結果。

改造大腦是一生的課程。自來到世間，我們就在不停的學習，從吃喝拉撒，到社會規則，再到專業技能。如果不學習，僅利用進化帶來的本能，無法應對所有的生活挑戰。面對環境的變化，情緒是每個人都會有的反應。只要大腦正常運作，杏仁核就會不停製造情緒波動，影響你對外界的感知。但是，單憑情緒變化，並不能解決所有問題。如果你現在需要解決技術上的難題，或者協調複雜的事物，僅調整情緒是不夠的，還要應用大腦的前額葉，即大腦皮層中負責理智的部分，來幫助完成推理與分析。這些過程會消耗更多能量，尤其是當我們面對不懂的知識時，更會產生恐慌、焦慮的情緒。所以，改造大腦並非容易的事情。

我想講一個女孩學程式設計的故事。在編譯程式運作時，編譯器對女孩說：

「出現錯誤，無法運行。」女孩修改程式之後，編譯器還是報錯。於是女孩說：「編譯器，你變了，你不愛我了。」重複修改了好幾次，編譯器依然報錯。由此可見，在程式設計技術問題上，情緒發揮不了太大作用。但是，在人與人溝通的時候，情緒是強大的武器。女孩如果搞不定編譯器報錯的問題，只要向程式工程師撒個嬌，由工程師出馬，問題就能迎刃而解。

情緒如此容易被觸發，以至於要讓大腦在相對理性的狀態下工作是件非常困難的事情。

我們容易被故事吸引，甚至可以說，在不費腦力的情況下，大多數人只能接受以故事的方式傳達觀點、溝通道理。還有人非常自豪的說，自己從來不講道理，只講故事。

故事在人類文明的傳承中，的確發揮了非常重要的作用。但是，光有故事是不夠的。在現代社會，靠說故事無法完成技術，靠講故事不能建造高鐵。在故事之外，我們借助嚴密的工程計算，嚴格的專案管理，完成一項又一項的重大工程，改善了人們的生活，這些都是理智的勝利。但最有意思的是，如果你要團結一群人完成工程，僅依靠工程技術的嚴密性是不夠的，還需要為團隊講故事：「我們建設的是全世界最有技術難度的工程，大家好好做，一起創造工程奇蹟。」

作為現代人，我們不僅要有豐富的情緒，也要有充分的理性。否則，無法抵禦那些誘人的、精心編造的故事，從此被帶入歧途。把感性和理性平衡好，協調發展才能保護我們的大腦。在情緒噴發而出的時候，能及時剎住車的，也只有理性。

網路上有一個短片曾經流傳了一段時間，影片中的人把賓士車的車標拆下來當果盤裝瓜子。這種風格獵奇、反差大的影片，給人帶來強烈的情緒衝擊，被廣泛傳播。一時間，許多人爭相效仿。一個年輕人，在路邊連續拆了十幾輛賓士車的車標，最後被警察抓到並判了刑。我們總是更願意相信一些故事，哪怕這些故事和真實情況不符，還奮不顧身，直到現實賞了一記響亮的耳光。

前面提到的龐氏騙局就是「美好」的、誘人的故事。龐氏騙局在金融領域產生的殺傷力更巨大。賺錢是每個人都有的需求，而高回報、低風險也是人內心的渴望。即使龐氏騙局拿後來者的錢作為先來者的利益，仍然有許多人惦記著高收益。

理智告訴我們，更高的投資收益意味著更高的風險。但是，當投資理財網站上寫著一年二〇%的收益率時，總有人將風險拋之腦後。更要命的是，如果一開始嘗到了甜頭，獲得不錯的利益，就更不願意改變想法了。

生活中，當我們打算買手機、買電腦的時候，對不到一萬元的商品，左右對比，精打細算，生怕吃虧。但是當我們賺到了錢，把幾萬元、幾十萬元投資到股票、基金、理財產品中時，完全不像買手機時那樣謹慎。我們只根據收益率，就確定了大筆資金的分配。

我們辛辛苦苦賺的錢，是一元一元存起來的，而當決定把錢投出去的時候，是一萬元、甚至一百萬元的丟出去。一念之間，我們在賺錢的時候決定了一塊錢的命運。等到錢存夠了，一念之間，又決定了所有家當的命運。這就是為什麼創業難，守業更難，也是為什麼孟子說「君子之澤，五世而斬」。我們在創造成就的時候，是一點點累積的；等到業有所成的時候，卻可以在一念之間就隨便押上全部。

究竟是什麼讓我們這樣隨便的做決定呢？是輕信的理念，那些看上去美好卻有巨大危害的理念。這些理念，在日常生活中不知不覺進入了大腦。為什麼這些理念能進入我們的大腦呢？因為我們喜歡。

有一次搭車，在路口的紅綠燈變成黃燈時，司機立刻停下車。此時，旁邊車道有輛車以飛快的速度搶快，在黃燈切換成紅燈那一瞬間衝過路口。司機歎口氣對我說：「這小子這樣開車，遲早有一天會出事。」

我們看到紅綠燈的那一刻，想的是能快一秒就省一秒。但是，從持續行動的角度來看，如果在每個路口非但不減速反而加速搶黃燈，那麼發生交通事故的機率就會大很多。常在河邊走，哪有不濕鞋，經常坐飛機，終會遇誤點。在未來某一天，一次不成功的搶黃燈，將會釀成一場重大的交通事故，直接摧毀我們的生活。

這就是防微杜漸的意義，也是保護大腦要做的事情。我們要規避一些信念，哪怕這些信念能帶來短期收益。但是長期來看，稍有不慎，這些理念就會讓我們付出慘痛的代價。我們之所以會讓這樣的理念進入大腦，無外乎在某個時刻這些理念滿足了某方面的需求，讓我們嘗到了甜頭。

為什麼保護大腦比保護錢包更重要？如果要走得穩、走得長遠，必然要拒絕一些短期內看上去很誘人的理念，意味著一些潛在的損失。人們往往厭惡這些損失，更喜歡潛在的收益，哪怕這些蠅頭小利會讓我們掉入萬丈深淵。

賭場上，新手似乎很受好運眷顧，於是上癮並不斷加大押注，直到賠光。交易市場上，如果新手因為運氣和行情的加持，再加上一些投機手段，賺到很多錢，他們往往會貫徹投機原則，直到全部虧損。學習時，如果總是抑制不住提前看答案再做題的衝動，試圖逃避絞盡腦汁的痛苦，那麼最後上了考場，你還是不會答題。

這就是為什麼保護大腦比保護錢包更重要。我們可以為了長期的整體收益而犧牲一些短期的、局部的利益。當我們拒絕短期利益的時候，是會遭受損失的。但是，拒絕短期收益，在內心植入正確的理念，不受扭曲理念的干擾，就保護了我們的大腦。從長遠來看，終究還是受益的。

一顆健康的大腦可以幫助我們獲取更多錢財，但是一堆錢財，未必能換來一顆好大腦。

別讓公地悲劇上演

《欲罷不能》這本書講的是人們如何上癮的問題，其中有這麼一個案例。

二〇一〇年，蘋果公司創始人之一的賈伯斯推出了iPad。但是，他從來不讓自己的孩子使用這種設備。賈伯斯曾對《紐約時報》說，他的孩子從沒用過iPad。賈伯斯說：「我們對孩子在家裡能使用多少電子設備做了限制。」不僅賈伯斯這麼做，部落格、推特和媒體（Medium）三大平台的創辦人之一伊凡．威廉斯，為兩個年幼的兒子買了數百本書，卻不給他們買iPad。

《欲罷不能》中的一句話讓人印象深刻：「生產高科技產品的人，彷彿遵守著毒品交易的頭號規則——自己絕不能上癮。」

開發電子產品的不讓自己的孩子用電子產品？從本章關於需求的優先順序來看，培養孩子的需求，是萬年數量級的需求，從人類出現以來就有了，而玩電子產品的需求，是十年數量級的需求。當兩者相遇的時候，後者要讓位給前者。巴菲特是全球著名的投資家，被人們尊稱為股神。股神每年都會寫信給股東，表達他對投資的看法。巴菲特曾經說過這麼一番話。

「大多數的公司董事會成員將波克夏視為自己的產業，他們主要的財富就是公司的股票。換言之，我們吃自己做的飯。……查理．蒙格九〇％以上的家庭資產都放在波克夏的股票，而我則有九八～九九％。只要你是我們的合夥人，在任何時段，你的金融資產和我們自己的資產將完全保持一致成長。」

波克夏就是巴菲特的公司。巴菲特還說，投資經理人應該將自己的資產與客戶的資產統一管理，以避免潛在的利益衝突。這種策略使投資經理人的大部分資產與客戶資產捆綁在一起。巴菲特說，他只會投資給同時經營自己母親資產的投資經理人。事實上，他就是這樣的投資經理人。

巴菲特把自己的全部身家放在自己的公司，我把這個原則稱作「自己做飯自己吃」。對於波克夏的股東而言，把錢投在波克夏就是吃巴菲特做的飯，而巴菲特也吃自己做的飯。

《股神巴菲特的神諭》中有一句話：「凡是能在早期就為自己的資產找到可靠管理者的投資者，總能順利晉級為富豪階層。巴菲特就是業已被證明的最佳資金管理人。」

透過以上兩個案例的視角，可以看到很多有趣的事情。

場景一：小明家在農村養了很多雞。雞是完全放養，白天出去找吃的，晚上回來。雞下了蛋，一家人吃不完，於是每逢市集，就會把一些雞蛋拿出來賣。

場景二：小明家的雞蛋特別受歡迎，很多人希望再多買一些，於是小明又在院子裡多養了幾隻雞。雞多了之後，雞蛋也多了，能賣更多的錢。

場景三：小明家的雞蛋被網路自媒體推薦，訂單如雪花般飛來。小明決定蓋一座養殖場，把雞從放養改成圈養，這樣就要用飼料餵雞。據說都市人喜歡吃蛋黃偏紅的雞蛋，他們認為這樣的雞蛋是土雞蛋，更有營養。於是小明在飼料商的推薦下，開始使用飼料添加劑角黃素。雞吃了這種飼料，下的雞蛋蛋黃更紅，更像土雞蛋，可以賣得更貴一些。但是，小明家裡還是吃院子放養的雞下的蛋。小明覺得加飼料添加劑可能不太好，但想到這樣的雞蛋可以賣貴一點，而且加角黃素的飼料添加劑目前也是被允許的。

現在問題來了，如果你要向小明買雞蛋，願意買哪種雞蛋？如果小明和你是好朋友，他可能會說：「你吃我家院子養的雞下的蛋吧，這個沒有吃飼料，純天然的。」但是，如果你在超市買雞蛋，能從包裝上看出來哪種雞蛋更好嗎？也許你會說：「我挑更貴的土雞蛋總沒錯吧？」但是，更貴的雞蛋，也許就是來自吃了飼料添加劑的雞。

以前，人們的生活模式自給自足，自己種菜自己吃。之後出現社會分工，大家相互配合，你做麵包我做酒，各有所長，相互交換，既提高了生產效率，又豐富了商品種類。後來，人們發現可以專門為了賣東西或者賣得更貴而買，即為了「賣而買」，或是說為了「賣貴而買」，只要有利可圖，就有人專門販賣商品來賺錢，進一步加快商品流通。後來，工廠出現解決了大規模生產的問題，再加上鐵路運輸的發展，人們可以把商品快速分送至四面八方，因此有人從事專門生產商品的生意，為了「賣而生產」。

不過，為了獲得更高的利潤，造假問題開始出現。畢竟產品從生產線到出廠，如果生產者在哪個環節偷工減料，消費者並沒有能力鑑別。所以，我們需要專門的市場監督管理單位的監管與檢查。

當造假能降低生產成本並帶來高額利潤的時候，並非所有商家都能經得住誘惑。哪怕你一開始不造假，但同行造假，產品的價格比你低，而你為了活命，也不得不造假。只要有買賣，就一定會有造假問題出現。不管法規有多嚴厲，只要有利潤空間，就一定有人會鋌而走險。

造假者不可能不知道自己生產的商品有問題，仍然這樣做，其實就是受到經濟利益的驅使。社會上有很多關於商品品質的醜聞，比如毒奶粉、假疫苗、地溝油等，這都是商家為了追求利益而不顧商品品質的表現。

但是，造假者也是人，也要保護自己和家人。所以，他們可能不會使用自己生產的商品，也不會讓孩子使用。即使專門賣雞蛋的小明，也還是優先吃自家放養的雞生的蛋。核心動機不外乎「只要我自己不吃，我的家人不吃，那其他人吃了有沒有問題，和我沒關係」。

這種思維會造成「公地悲劇」。公地悲劇是公共管理領域的一個比喻，討論個人利益與公共利益的相互關係。比如大家一起牧羊，如果羊多了，牧場的草不夠，羊就會把草吃得一根不剩，從而造成草地沙漠化。最好的情況是，大家在牧羊的時候克制一下，不能為了個人私利養太多羊。但是，很多人認為自己多放一、兩隻，並不會有什麼影響。結果每個人都多放一、兩隻羊，羊的數量就超過了草場的容量。草被吃得精光，造成草地沙漠化，最終所有羊都餓死了，這就是公地悲劇。

當覺得外面生產的商品不可靠的時候，人們又會重新回到「自己做飯自己吃」的階段。現在，已經有一些企業回歸自給自足的生產模式，但變得更高端。在這樣的企業中，接待貴賓的最高規格不是到五星級大飯店，而是自己的種植基地。老闆會對貴賓說：「你嘗嘗這個菜，這是我們自己種的，絕對沒有農藥。嘗嘗這隻雞，我們自己養的，絕對沒吃飼料。」所以「吃自己做的飯」，意思就是自己做的飯可靠、自己也吃，請你相信我們。

不只是商品，現在很多內容也被拿來販售，用來滿足特定群體的特定需要，而內容生產者自己卻不用。曾經有人在網上教「如何談一場永不分手的戀愛」，受到廣泛歡迎，但是老師自己後來分手了；也有教人如何理財的，結果自己的資產虧了一半；也有教人時間管理的，自己卻有拖延症……如果把教學內容用在自己身上，他們不就能解決這些問題嗎？既然這些問題沒有得到解決，代表這些內容可能真的沒有什麼用。生產假內容的危害，其實比做假麵包的危害更大——吃假麵包會吃壞肚子，學假內容會學壞腦子。

但是，一個人為他人生產商品、提供服務的時候，自己並不一定要成為使用者。自己做飯自己吃的核心並不在於吃，而在於透過自己吃的方式，確保飯是能吃的。

所以，對於持續行動者而言，要做的是換位思考。當我們在一個領域深耕三十年，必然會獲得應有的地位、財富與影響力。那時我們會成為更有能力的人，而有能力的人要為更多人提供商品或服務。為他人提供商品或服務，就是類似的場景，畢竟我們也許不再需要這些商品或服務了。如果想讓產品或服務的口碑更好，就需要自己做飯自己吃的精神。把服務的對象當成我們關切的人，打破以自我為中心的牢籠，解除知識帶來的詛咒，才有可能持續行動。

在持續行動的道路上，只有認清現實才能持久，只有尊重現實才能持續。

結語

持續行動，刻意學習，認知升級

周星馳的《功夫》是我很喜歡的一部電影，裡面有個片段讓我印象深刻。周星馳主演的阿星與火雲邪神決鬥，就在阿星快要制伏火雲邪神時，火雲邪神使出了崑崙派蛤蟆功。只見火雲邪神一記猛衝，直接把阿星頂飛。阿星身體失控，直衝雲霄。飛到半空時，阿星看見了兩隻大鵬鳥，他一個翻身，踩住一隻大鵬鳥，借力繼續上升。此時，如來佛祖現身雲彩中。阿星面向佛祖，雙手合十，若有所悟。

地面上的房屋，只有火柴盒般大小。阿星後仰翻身，向下急速俯衝，渾身烈焰，身上的衣服已灼燒不見。靠近地面時，他伸出手掌，巨大的衝擊波在地上現出手形深坑，灰塵四起。重壓之下，火雲邪神一臉苦相，大喊：「投降啦！」這便是從天而降的如來神掌掌法。

生活中，當我們深陷困難並與其糾纏打鬥時，我就想，有沒有可能用如來神掌化解問題。普通人在地面生活，而如來佛祖從空中俯瞰眾生。所以，在解決難題時，我們不妨先提升看問題的角度。因為有了高度，我們也可以「俯瞰眾生」，從而認清困難的本質，並且走出困境。

持續行動，從一件事情開始做起

人人都有上進心，但是萬丈高樓平地起，想要改變，只能持續行動，從一件事情做起。

持續行動時，必然要穿越不同的時間門檻：十天、一百天、一千天、一萬天……想做好任何一件事，都需要時間的累積。時間的長度才是決定競爭的終極壁壘。經常有人說，可以用一年時間獲得別人十年的工作經驗。但是當你實踐起來，就會知道有人早已按這種方法比你多做了十年，你應該向這些人看齊。

不過由於人性的缺陷，我們關於成長進步的認知未必正確，不然怎麼會犯各式各樣的錯誤？

在尚未開始持續行動時，我們總認為時間不夠、總認為自己已經聽懂了道理、總認為自己有能力同時做很多事情……越是新手，越容易在同一個地方重複摔倒。這也意味著，脫穎而出並沒有我們想像的那麼難。如果對大多數人都會犯的錯誤做了及時修正，同一個錯誤最多犯一次，那麼蛻變近在咫尺。

當我們把一件事情持續做了一百天時，興趣帶來的新鮮感會消退，我們會遇到更多困難，也會對改變有更多期許。這時，很多人開始思考在心態、時間以及方法上的問題，並在堅定和迷茫交織中前行。積極思考是加速改變的開始，但看到進步的跡象也容易讓我們變得急功近利。這個階段，我們要做的就是梳理想法，認清自己與現狀，為下一階段打下基礎。

如果能把一件事情持續做一千天，也就是大概三年的時間，我們會明顯感受到時間的力量。我們會看到自己在某個領域的能力顯著提升，看到自己在人群中的影響力，看到周圍的人對自己態度上的變化。這些變化會讓我們感到愉悅，也會看到更加不同的世界，而這些對已有的價值觀會產生影響。怎麼處理這些影響，是一項重要的課題。

假如有幸能把一件事情持續做一萬天（大概三十年的時間），我們已經正值中年。人到中年，既有可能活得處處都是壓力，也有可能活得年富力強。具體活成什麼樣子，要看有沒有處理好這個階段的重要問題。在三十年的數量級，我們要思考的是什麼價值觀會影響長遠的發展，怎樣才能複製自己的經驗與認知，怎樣才能防止自己誤入歧途等。

在這本書，我按照時間的數量級，以十為底數，一到四為冪數，探討了從十天到一萬天，持續行動者可能面對的問題。當你真正把成長進步的過程畫分為不同的階段時，這些思考也只是掛一漏萬。但我相信，建立時間維度對行動和學習來說是很好的認知框架。沿著這個方向，便能形成一種自由的、可伸縮的認知視角。我們可以對照這個框架，對自我認知查缺補漏。

當我們可以同時用顯微鏡、放大鏡和望遠鏡來看問題時，就能感受到不同的「風景」。

刻意學習，認知升級

持續行動從來不是指低頭蠻幹。在做一件事的過程中，認知會不斷產生變化。在持續行動的過程中，刻意學習、升級認知，是不可缺少的。

把一件事情堅持十天，其實並不需要什麼技巧，光靠決心和衝勁就能完成。但是，如果沒有持續行動一百天的認知和視野，那麼在十天以後，又會回到原來的狀態。很多人一直沒有真正發生改變，就是因為他們的認知格局僅停留在十天，沒有提升到一百天的量級。

做到一百天以後呢？很多人又會因為自滿而停下腳步。一百天相對十天而言是很長的，但對於生命來說又很短暫。這個時候，我們要及時把認知提升到一千天的視野。

一千天大約是三年的時間，三年足以讓一個人產生明顯的變化，而且三年也足以讓一種變化變得夠穩定。三年形成的習慣一方面會成就我們，另一方面也會變成新的界線限制我們。這時候，就要借助更大的視野，把時間拉長到一萬天，大約三十年。

時間長度不一樣，關注的問題也不一樣。如果是十天、一百天、一千天，只思考個人問題就好。借助態度、技能、方法等，透過個人的努力可以解決大部分的問題。如果我們繼續把時間範圍擴大到一萬天，那麼面對的不僅是自己的問題，而是與周圍環境、人，甚至是與社會和國家的關係。這時，我們需要新的認知，需要進一步提升個人胸懷和人生格局。

如果再把時間繼續擴大到十萬天（約三百年）、一百萬天（約三千年），認知便需要再升級。要理解三百年、三千年數量級的問題，需要具有地理、歷史、社會、人文的全方位認知視角，要把世界放入心中。如果可以把時間繼續放大到三萬年、三十萬年、三百萬年，那

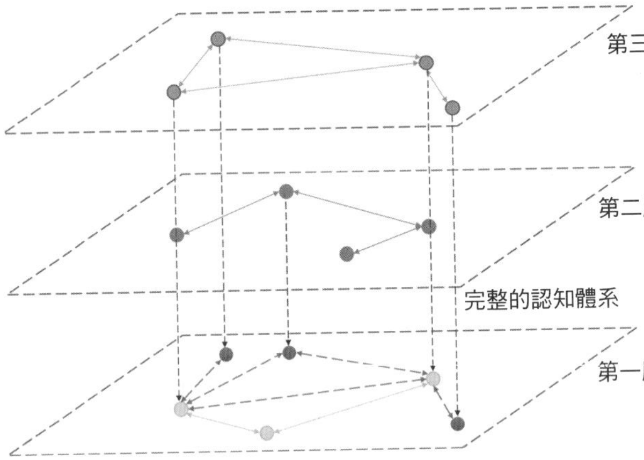

圖A-1 不同層級的知識結構和完整的認知體系

麼考古學、人類學、天文學的認知視角，就是理解世界的必備武器。

你有沒有注意到，沿著時間維度不斷升級的時候，其實是在用自己的大腦打通不同學科領域的認知壁壘。以前也許覺得歷史知識和你無關，但是，當你從一件事情開始持續行動，並且向時空遠處推移時，會發現歷史就在那裡等候。而你會感慨，幸好前人已經做了許多工作，否則我們就不能追尋他們的足跡採擷歷史素材了。

其實很多領域的知識對我們來說很有用，只不過我們沒有建立適當的方式與之建立連結，形成共振，而持續行動就是打破這種僵局的有效方式。持續行動會讓我們發現自己需要更多領域的認知，這些領域中的認知相互映襯，可以幫助我們理解世界。就像圖A–1所示，每個層級都有自己特定的知識結構，如果可以對應不同層級的知識，最終融合在一起，就能獲得全面完整的認知體系，接近更真實的世界。

持續行動是獲得自我認知的重要方式。認真做一件事，持續做下去，便能訓練自己的身體與感官，影響周圍的環境。刻意學習讓我們充分消化與吸收這些認知，從而形成經驗，完成認知升級。

知識付費流行一句話：你只要聽我說的，就能輕鬆明白一個重要的道理，就能完成認知升級。而我認為認知升級沒有那麼簡單，就像枯木發芽，新認知必須在頭腦裡形成，而不是別人灌輸的各種方法。你把種子買回去，需要精心培育、施肥澆水，提供充足的水分、空氣、陽光和一切必要的條件等待種子發芽，卻不能代勞發芽的過程。

升級認知也不能變成錯誤歸因。升級認知不是顛覆原有的一切想法，不是反對所有的信念。升級認知是把問題放在更宏大的角度來檢驗，對於那些正確的認知，我們要強化；對於那些不符合實際的認知，我們要修正。

作為持續行動者，我們的行動在持續，格局也在不斷打開，這也意味著我們會不斷面對新的環境，所以也要持續檢視自己的認知，強化那些正確的，修正不符合實際的，這才是成長進步的真正含義。

解決問題，先升維再降維

大多數人的日常生活是在局部環境中做著重複又單調的事情，不容易看到更大的遠景。於是，我們容易被一些小事情、小情緒、小欲望干擾。那些「持續開始－持續放棄」的迴旋怪圈，正來自這些局部環境帶給我們的困擾。

如果想解決這些問題，最持久有效的方法就是升級認知——內心生長出大格局、大尺度，先提升再降低思維，然後回到生活，重新認識原有的問題。提升思維後，再降到原來的問題，便會產生完全不一樣的理解以及不同的感受和動力。這時，解決方法就會湧現出來，讓我們瞬間頓悟。

在這本書，我用自己的語言帶著大家完成了一次認知升級之旅——從零基礎開始，帶大家走入持續行動的世界，感受持續行動的力量；之後我們完成十天、一百天、一千天的旅程，並展望一萬天的遠景。

我在用自己的思考、行動與語言，建立對世界的理解，而這些理解是在腦海中生根發芽、茁壯生長的。如果你能跟著我的思路走下來，再回頭看自己的成長問題，一定能體驗到先提升再下降的思維感受。

當然，如果把我這些思考放在更大的格局下，也只能算是淺薄的認知，仍然有很大的發展空間。但是，我們有持續行動的力量，有刻意學習的精神，我們充滿信心，無所畏懼。我們既不害怕學習困難的東西，因為只要持續行動，問題就會迎刃而解；還要敢於探索新知，因為只要狀態持續，認知必然會升級。

持續行動，從專注做一件事情開始。我從二〇一四年開始寫作，二〇一七年出版了第一本書。從二〇一七年開始，在有了持續行動的基礎後，我帶著社群成員一起完成了大量的閱讀任務，累積了不同領域的知識。我發現，經過前一階段的行動力訓練後，在攻讀有難度的大部頭時，我們的狀態和情緒更加穩定了。那些「持續開始—持續放棄」的日子已經遠去，我們將繼續探索更高難度的作品。我非常想把這個過程分享出來，讓更多人透過持續穩定的行動感受生活的變化，體會更多美好。如果你讀到這裡也能體會我的感受，那將是我莫大的榮幸。

持續的難度在哪裡？

在大多數人眼中，持續就是堅持，堅持就是每天做，直到做出成果——學有所成、通過考試、讓對方喜歡自己等。甚至有人把堅持等同於「不知變通」「冥頑不化」「死做下去」，對此加以批評。

從小到大，父母就灌輸我們持之以恆的觀念，但是我們沒有機會真正體會持之以恆的力量，只能被動的記住。不是從大腦生長出的想法，沒有那麼大的影響力。這和沒有遊歷過大好河山，就無法真切感受地大物博、幅員遼闊是一樣的。

但在我看來，所謂的堅持，只不過是「持續」最平凡的一種情況而已。持續其實和時間有關。我對持續的理解就是，「某種狀態隨著時間的演進而保持穩定」。而持續力就是，有能力保持這種「持續」的狀態。雖然這個定義看上去不起眼，但在我詳細解釋後，你會發現其中驚人的力量，以及到底難在哪裡。

持續的難度展現在兩方面：一個難度是「狀態持續」，另一個難度是「時間持續」。狀態持續就是能持續保持一種怎樣的狀態，時間持續則是能保持某個狀態多長時間。這裡先以「天」為單位，討論時間的長度。

保持狀態持續有多難？

看體育比賽時，經常聽到播報員說「某運動員今天狀態不好」或者「今天某運動員狀態極佳」。狀態說明了我們處於什麼樣的情境，包括注意力、心態、情緒、身體狀況等。有的狀態很容易進入，有的卻比較難。現在大家花很多時間看手機，進入分心的狀態很容易，而進入全神貫注的狀態就異常困難。而進入狀態之後再繼續保持該狀態，更是難上加難。從易到難，我把狀態難度總結成以下幾種情況。

狀態難度一：每天做一件事情，一直做下去（數量穩定）。

舉例：每天背十個單字、每天早上跑五公里、每天讀書一小時、每天收入十萬元……

評價：數量穩定的狀態就是持續做這件事情，每天都有這個動作，一直保持，不中斷。我們大多數人理解的堅持，就是這個難度。

狀態難度二：每天做一件事，且保持穩定增長（增量穩定）。

舉例：每天比前一天多背五個單詞、每天比前一天多跑〇．五公里、社群每天增加一百個粉絲、公司每天收入比前一天多一萬元……

評價：這裡是「增長」的狀態要保持穩定，即每天都要比前一天有所增加，且增加值保持穩定。

狀態難度三：每天做一件事情，且增長的趨勢保持穩定（增速穩定）。

舉例：在「狀態難度二」中，每天比前一天有所增長，但增加的數量是不變的。如果要

難度級別（完成天數）	第一天	第二天	第三天	第四天	……	第 n 天增長公式	第一百天
狀態難度一	10	10	10	10		10	10
狀態難度二	10	15(10+5)	20(15+5)	25(20+5)		10+(n-1)×5	505
狀態難度三	10	15(10+5)	21(15+6)	28(21+7)		10+(n-1)×(n+8)/2	5356
狀態難度四	10	11=10×(1+10%)	12≈10×$(1+10\%)^2$	13≈10×$(1+10\%)^3$		10×$(1+10\%)^{n-1}$	125278

表A-1 不同狀態難度的增長公式

求更高一些，讓增加的數量也同步保持增長，那會變成怎樣？

以背單字為例。第一天背十個，第二天比第一天多背五個，那就是十五個。如果第三天背二十個，這就屬於增量不變（還是五個），是狀態難度二的等級；如果背二十一個，即第三天比第二天多背六個，增量六就比前一個增量五（第二天比第一天多背五個）還多一個，那麼增量就在增長，增速保持穩定。

評價：如果要計算出第n天要背的單字的公式，會發現這是一個與天數n有關的二次函數：$y=10+(n-1)\times(n+8)/2$。

狀態難度四：每天做一件事，且增量與前一天總量保持比例穩定（複利穩定）。

舉例：第一天背十個單字，第二天比第一天多背一〇%，即$10\times(1+10\%)=11$個，第三天又比第二天多背一〇%，即$10\times(1+10\%)^2\approx12$個。每一天都比前一天多一〇%，「比前一天多一〇%」一直保持穩定。

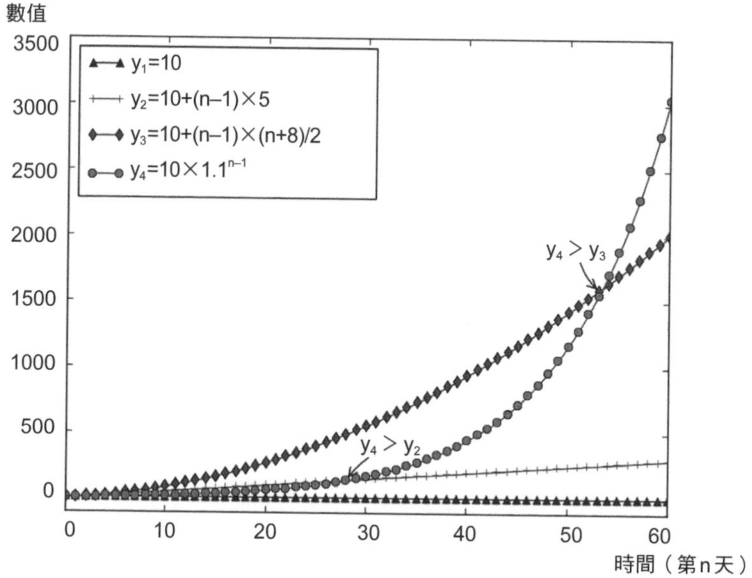

圖A-2 前60天增長情況對比

評價：這就是很多人口中說的「指數級增長」，也被稱作複利增長。指數級增長的增速是指數，也就是說，這是一個增量越來越大、越增長越快速的增長。指數的特點就是隨著時間的推移而出現爆炸性增長。

以上四種不同狀態的難度對應增長公式如表A–1所示。

透過表A–1我們可以看出，不同狀態難度的增長速度完全不一樣，這在「第n天增長公式」中展現。注意，我特意將狀態難度四的增量比例調低到一〇%，如果參照前面狀態中每天增長五來計算（增量比例為五〇%），那麼經過一百天，狀態難度四的數量會達到十的十八次方，也就是百萬億的級別。

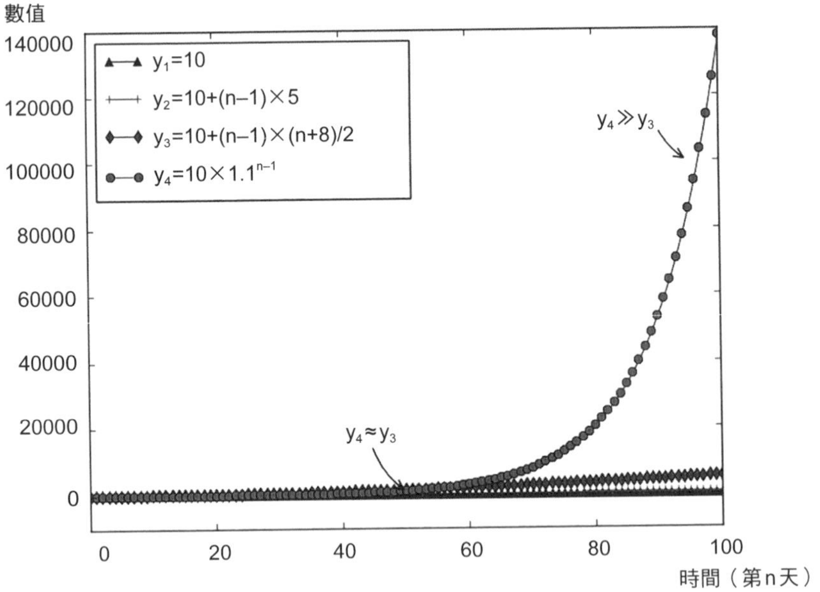

圖A-3 前100天增長情況對比

我把四種難度級別畫在圖A–2上，可以發現從長期來看，最有威力的「狀態難度四」（複利穩定），在一開始表現並不是最好的（圖中y_4就代表狀態難度四的增長情況）。從圖A–2可以看到，在第二十天前，狀態難度四甚至連狀態難度二的數量都沒有達到；而直到第五十天前，狀態難度四的數量仍然低於狀態難度三。

在圖A–3，到第一百天的時候，狀態難度四的增長情況已經遠遠大於其餘三個難度的增長情況。甚至在圖A–2中我們看上去有明顯差異的y_1，y_2，y_3，在一百天尺度的圖A–3中緊緊靠在一起，相差已經不明顯。這也很好理解，因y_4已經增長到十萬的量級，那麼y_1，y_2，

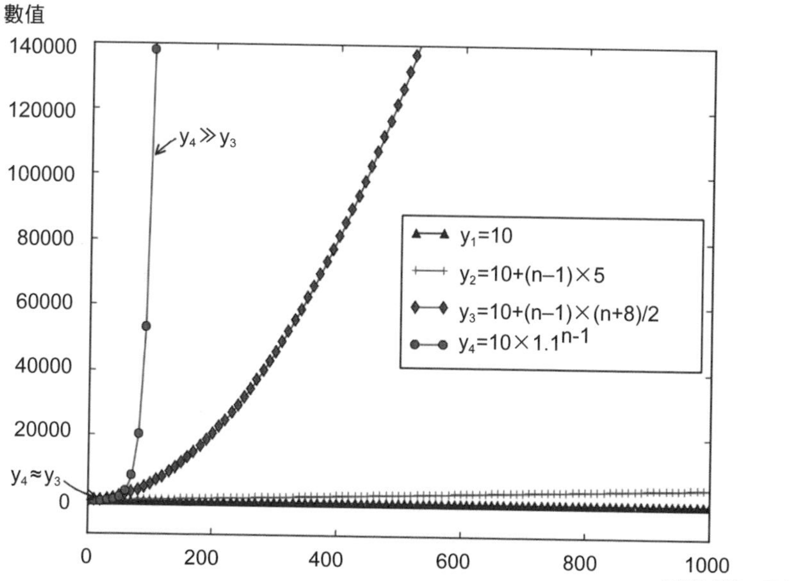

圖A-4 前1000天增長情況對比

y_3的差異自然不明顯。所以我在圖A–3中，把約第五十天時的狀態難度三和狀態難度四，標記成近似相等。

再看圖A–4，把時間延伸到第一千天，並且縱坐標與圖A–3一致。可以看到，由於點線圖太密，各種代表點的符號（三角形、菱形、圓形和加號）堆積在一起，為了方便閱讀，在圖A–4我們採用了十分之一的採樣比例繪製，即每十天繪製一個點。如果按照圖A–1至圖A–3每天一個點的畫法，你會看到y_1，y_2，y_3變成三條很粗的線。而在圖A–4中狀態難度四所代表的線，被迅速壓縮到左側，幾乎變成一條衝天的直線，而狀態難度三代表的曲線，也和狀態難度二拉開了距離。在圖A–2中精心對比的數值差異，已經全部堆積在圖A–4的左下角。

看完上面四種狀態難度對應的三張圖片所顯示的變化後，你有什麼想法？我很久以前曾認真執行過上面四個狀態難度——從場景假設到公式推理，從資料計算到繪製圖片（注意，這樣的過程也是一次自我認知體驗），我發現自己對於狀態穩定或者所謂增長，有了前所未有的深刻理解。

以前學一次函數、二次函數、指數函數時，只是按照書本知識照貓畫虎，被動接收資訊，自以為掌握了要領。但是當我用紙筆推算並獨立完成上述過程時，發現那一瞬間的體會和以前完全不在同一個層次。

建議你看到這裡的時候，也用紙筆計算一下，然後用畫圖工具畫出圖片。在完成這些步驟後，你會獲得一些新的體會，這些體會與以前只是被動的看，完全不同。先來分享我的體會。

難度無止境：不管我們曾處於什麼狀態難度，總會有更難的狀態。你以為每天做一件事情不容易，但是保持每天增長又比每天做一件事更難。你以為保持每天增長不容易，但是每天增長得更多、更快，又是新的挑戰。即使做到狀態難度四，後面還有更難的等級。

選擇決定方向：我們對自己提出不同難度的狀態要求，走上不同的軌道，最終通往不同的方向。等到發現方向不對的時候，不要忘記最開始是自己選擇了這條道路。

路遙知馬力，日久見人心：即使是複利增長，狀態難度四在一開始也不起眼，甚至連狀態難度二和狀態難度三的效果都達不到。但隨著時間的推移，我們發現最終 y_4 曲線把其他曲線甩出幾條街。高效能的事情開始未必鋒芒畢露，有時反而顯得簡單甚至笨拙，但簡單不代表低效，越往後走爆發的能量越大。有人天生就是王者，只不過長得像魯蛇而已。生活中有很多笨工夫，在一開始就是這樣不起眼，但如果你堅持每一次反覆運算的品質，最後完全可以秒殺其他人。這也印證了本書提到的，如果你做的是正確的事情，剛開始未必會得到正確的回饋，就像指數函數 y_4 剛開始的表現不如線性函數 y_2。

高難度需要大規模支援：從個人成長的角度來看，一開始我們可能只是單槍匹馬的行動，但是越往後走難度越高，且會超越個人能力範圍。此時，需要團隊合作才能完成更高難度的挑戰。一個人也許很難實現狀態難度四的增速，但是開一家公司，招集團隊從而實現業績的爆發增長，是完全可以做到的。

從以上各個難度等級的對比可以看到，大多數人經歷的「持續開始—持續放棄」，其實是最低的難度。創業者必須跨越第二級或在第三級難度下工夫。公司只有靠業績增長、增速變快，才能跑贏競爭對手。對於某些已經上市的公司來說，如果增速放緩，即使收入上漲也會影響股價，打擊投資人的信心。而增速放緩的意思就是在第三級難度沒有保持狀態穩定。《大腦的未來》（*The Future of the Brain*）一書中提到，從受精卵形成的一小時內，人的大腦就開始發育，經過十次分裂形成一千個細胞，經過二十次分裂形成一百萬個細胞；九個月的時間，一個細胞會變成一千億個神經元。這其實就是以狀態難度四在進行的。

經過整理，如果你處於「持續開始—持續放棄」的迴旋怪圈，代表你只是在最簡單的難度等級上掙扎。打開你的眼界，在腦海裡形成對更大世界的理解與感觸，會發現山外有山。勸君早日出此山，面對更大的挑戰，不要在小山溝裡流連忘返。

當你能從內心明白更大的難度在前方，就不會認為現在的問題是大問題。當格局擴大、尺度擴大、認知提升時，就猶如學會了如來神掌般從天而降，所向披靡。

保持時間持續有多難？

回到對持續的定義——某種狀態隨著時間的不斷演進而保持穩定，即除了持續保持各種「狀態」外，必須考慮時間的演進。時間是單向流動的，我們只能跟隨時間的河流向下游，卻無法讓時間倒流。

時間持續的難度，展現在長度上。但是，時間也有很多不同的單位，姑且以地球自轉一圈，晝夜切換一次的「天」為基本單位，分類討論。不同的時間長度也意味著不同的難度（以10^n代表時間的長度）。

時間難度一：持續保持某種狀態十天以上（10^1）。

舉例：連續十天早起、連續十天跑步、連續十天讀書等。

評價：十天比一週長一點，根據持續行動主題社群累積的資料，大多數人在「持續開始—持續放棄」的迴圈中經歷的時間長度為一週左右。

時間難度二：持續保持某種狀態一百天以上（10^2）。

舉例：連續一百天早起、連續一百天跑步、連續一百天讀書等。

評價：一百天就是三個月左右，當你持續做一件事情三個月時，會養成一個新習慣。

時間難度三：持續保持某種狀態一千天以上（10^3）。

舉例：連續一千天早起、連續一千天跑步、連續一千天讀書等。

評價：一千天是三年左右，如果三年專注一個方向，那麼可以在行業裡找到不錯的工作。我透過三年的寫作，出版了第一本書，在業界也獲得了一定的影響力。而這本書也影響了很多人持續寫作，並出版了他們自己的書。

時間難度四：持續保持某種狀態一萬天以上（10^4）。

舉例：一萬天即三十年左右，如果你在二十歲的時候進入某個行業，深耕三十年，那麼你或許會成為一名專家或是行業的領導人物。如果一個人二十四歲開始工作，在某個領域深耕三十年，而且又有一定的時運加持，那麼他當上單位最高主管的時間，正好與時間難度四的時間量級相吻合。

評價：難度越高，能做到的人越少，持續行動超過三十年，已經屬於社會菁英或者國家棟樑了。

時間難度五：持續保持某種狀態十萬天以上（10^5）。

舉例：三百年的跨度就是朝代政權持續時間的量級；唐朝歷時兩百八十九年，宋朝歷時三百一十九年，明朝歷時兩百七十六年，清朝歷時兩百九十五年……大多都是三百年左右的量級。三百年往往也是家族興替的週期。

評價：這個難度已經超出一個人的壽命極限，變成團體與組織要面對的事情。

從這個時間難度分級可以看到，我們在大多數情況下可能只是在時間難度一和時間難度二之間反覆徘徊。在時間難度等級上，如果克服的難度能上升一個級別，那麼生活狀態、社會地位、取得的成就都會更上一層樓。

狀態持續×時間持續＝大格局、大尺度

我們把狀態難度與時間難度各自對應起來，可以發現更多好玩的事情。

首先，任意一個狀態持續的時間長度不同，難度也不一樣。人好好活著算是狀態難度一的事情，每天睜開眼睛、保持呼吸、心情舒暢就好。通常說的長命百歲，對應到時間難度四，也是能夠實現的。

對應到時間難度五的狀態難度，相當於好好活三百年，這件事目前還沒有誰能做到。但是，把個體問題升級成團體問題，一個家族要在時間持續上保持三百年的跨度，難度就不大了——社會上的每個人，上溯三百年都可以找到自己的祖先。

我把狀態難度與時間難度的不同等級對應起來，放到表格（見表A–2）中，並在其中注明

案例	時間難度 1（10天）	時間難度 2（100天）	時間難度 3（3年）	時間難度 4（30年）	時間難度 5（300年）
狀態難度 1（數量穩定）	起床	跑步瘦身	個人成長	社會思潮變遷	朝代持續，家族繁衍
狀態難度 2（增量穩定）	短期課程教學	線上訓練營	職場發展	人口數量變化	日本長壽企業
狀態難度 3（增速穩定）	裂變行銷	比特幣牛市	微信崛起	成為阿里巴巴合夥人	宗教傳播
狀態難度 4（複利穩定）	新聞焦點傳播	胎兒發育	抖音崛起	經濟增長	

表A-2 狀態難度與時間難度對應的生活現象

了一些案例情況。比如我把新聞焦點傳播歸為時間難度一、狀態難度四，因為一則新聞能夠呈幾何級數傳播，但持續時間在一週左右後便會從大眾視野淡出。再比如社會思潮變遷，我將其歸為時間難度四、狀態難度一，因為斷層式的思想改變，一般需要一代的時間。最近流行抖音，我認為這種現象屬於狀態難度四、時間難度三，因為從平台創立到為人所熟知，大概需要三年的時間。

透過兩個維度的分析，可以嘗試把生活中看到的任何現象填入表格中相對應的位置。

透過狀態難度和時間難度的對應，我們建立了理解與描述世界的方式。在認知的世界中，最寶貴的其實是獨立的想法，這些想法必須是從腦中「生長」出來的，而不是來自外界的灌輸。灌輸的想法往往會為我們帶來幻覺——以為自己懂了，但是無法將它們應用到生活中。就像我在高中上數學課聽老師講例題一樣，感覺什麼都會，下課後一做題就原形畢露。

透過上述分析，整理出狀態和時間的概念，構建了一套認知框架。在這套框架中，可以把社會現象或各種領域的知識歸到框架中的某個分類下。這樣一來，我們就在心中創建了一張架構圖。在架構圖中，我們有明確的概念，知道某個知識應該處於什麼位置，應該花多少精力去處理。這是一種知識管理的方式，就像自己種植的莊稼一樣，屬於自己的資產，終身受益。

最後，在自己創建的架構圖中發現知識盲點。狀態難度和時間難度這兩個維度交織起來，就像一個篩子，可以用這結構發現自己的知識盲點。

以我為例，我在個人成長和持續行動領域累積了大量的經驗。大多數關於個人如何取得進步、如何突破的話題，都有所涉獵，而這些知識其實主要集中在時間難度三和狀態難度二的範圍內（表A–2的左上角）。如果不刻意學習，待在舒適圈，不用跑到其他區域也可以活得很好。

但是，一旦建立了大尺度、大格局的知識體系，就會發現我只是蜷縮在精神世界的一個小角落，還有很大的空間沒有涉足。於是自然會想到，能不能繼續努力，學習不太了解的領域。

這樣一來，我可以把新領域的知識加到原有的知識體系當中，形成連結（參見圖A–1將不同層次的認知整合到一起的示例），讓原有的知識形成複利穩定增長（這就是狀態難度四的增長）。如果能持續下去達到時間難度四，經過三十年的累積，我的成長空間簡直無法估量。而這個過程的確可以用一生去完善，我想這才是終身學習者的使命所在。有了這樣大尺度、大格局的認知框架，你會發現每一次的努力都非比尋常。

讀到這裡，你也可以嘗試梳理自己的知識體系，看看知識分布在哪個區域。如果整理完之後，發現所知甚少，代表你需要開始提升自我認知。我就是個人認知升級專家，不斷實踐持續行動、刻意學習、認知升級的方法，並且在社群的成長社團中與成員們共享這些過程。

持續行動很難嗎？我們每個人都是持續行動的專家，都有持續行動的經驗。生活在這個時代，代表祖先已經歷了千百萬年持續行動的考驗。我們每個人都有持續行動的基因，都有刻意學習的潛能，都是自己的個人認知升級專家，要做的只是不斷讓新認知在腦中自然生長，變成我們的一部分，成為認知武裝。這需要用一生的時間持續行動，刻意學習，認知升級。

感謝在持續行動的道路上遇見你，未來再會！

Eurasian Publishing Group
圓神出版事業機構
用心與你對話・視野無限寬廣
方智出版社
Fine Press

www.booklife.com.tw
reader@mail.eurasian.com.tw

生涯智庫 179

行動複利：從想到，到做到，半途不廢的四階段練習

作　　者／Scalers
發 行 人／簡志忠
出 版 者／方智出版社股份有限公司
地　　址／台北市南京東路四段50號6樓之1
電　　話／（02）2579-6600・2579-8800・2570-3939
傳　　真／（02）2579-0338・2577-3220・2570-3636
總 編 輯／陳秋月
副總編輯／賴良珠
主　　編／黃淑雲
責任編輯／胡靜佳
校　　對／胡靜佳・陳孟君
美術編輯／李家宜
行銷企畫／詹怡慧・黃惟儂
印務統籌／劉鳳剛・高榮祥
監　　印／高榮祥
排　　版／杜易蓉
經 銷 商／叩應股份有限公司
郵撥帳號／18707239
法律顧問／圓神出版事業機構法律顧問　蕭雄淋律師
印　　刷／祥峰印刷廠
2020年4月　初版

定價320元　ISBN 978-986-175-551-9

如果每天都能進步百分之一，持續一年，最後你會進步三十七倍；
若是每天退步百分之一，持續一年，到頭來你會弱化到趨近於零。
起初的小勝利或小倒退，累積起來會造就巨大差異。

——詹姆斯．克利爾（James Clear），《原子習慣》

國家圖書館出版品預行編目資料

行動複利：從想到，到做到，半途不廢的四階段練習／
Scalers 著. -- 初版. -- 臺北市：方智，2020.04
320 面；14.8×20.8 公分 --（生涯智庫；179）

ISBN 978-986-175-551-9（平裝）

1.成功法

177.2　　109001740